Riquezas, templos, apóstoles y superapóstoles

Respondiendo desde una mayordomía cristiana

Osías Segura Guzmán

EDITORIAL CLIE
C/ Ferrocarril, 8
08232 VILADECAVALLS
(Barcelona) ESPAÑA
E-mail: clie@clie.es
http://www.clie.es

© 2012 Osías Segura Guzmán

«*Cualquier forma de reproducción, distribución, comunicación pública o transformación de esta obra solo puede ser realizada con la autorización de sus titulares, salvo excepción prevista por la ley. Diríjase a CEDRO (Centro Español de Derechos Reprográficos, www.cedro.org <http://www.cedro.org>) si necesita fotocopiar o escanear algún fragmento de esta obra*».

© 2012 Editorial CLIE

RIQUEZAS, TEMPLOS, APÓSTOLES Y SUPERAPÓSTOLES
Respondiendo desde una mayordomía cristiana
D.L.: B. 21869-2012
ISBN: 978-84-8267-541-1
Teología cristiana
Eclesiología
Referencia: 224778

ÍNDICE GENERAL

Introducción 7

PARTE I   En cuanto a las riquezas en las Escrituras ... 19
   1   La economía en Israel 21
   2   La mayordomía en el Antiguo
       Testamento 27
   3   Del edén hasta el Sinaí 29
   4   Del Sinaí hasta Canaán 33
   5   La propiedad en la Ley 37
   6   Derechos de propiedad 43
   7   Propiedad ancestral: una manera
       de luchar contra la pobreza 47
   8   Grupos sociales vulnerables 51
   9   Concluyendo este segmento 57
   10 En la Tierra Prometida 61

**PARTE II   En cuanto a las riquezas en las Escrituras
Los libros de sabiduría y los proféticos** 65

    11   Los libros de sabiduría 67
    12   Concluyendo este segmento 79
    13   Los libros proféticos 81
    14   Concluyendo este segmento 89

**PARTE III   En cuanto a las riquezas en las Escrituras
La época intertestamentaria, y el primer siglo** ... 91

    15   Entre los Testamentos 93
    16   La creación literaria judía durante
           el periodo intertestamentario 97

**PARTE IV   En cuanto a las riquezas en las Escrituras
La mayordomía en el Nuevo Testamento** 99

    17   Los Evangelios y las riquezas 101
    18   Pasajes malinterpretados en cuanto
           a las posesiones materiales 105
    19   El resto del Nuevo Testamento 111
    20   Concluyendo en cuanto al tema
           de las riquezas en las Escrituras 121

PARTE V   En cuanto al templo en las Escrituras 125

    21   Personal religioso en el templo 127
    22   El templo, las ofrendas,
           los diezmos y más 133
    23   El templo y los préstamos 139
    24   El significado religioso
           y teológico del templo 143
    25   Simbolismo cósmico de los templos 145
    26   El propósito del templo 151

27 La perspectiva del templo
    en el Antiguo Testamento 155
28 La perspectiva del templo
    en el Nuevo Testamento 159
29 Concluyendo este segmento 169

**PARTE VI   En cuanto a los superapóstoles,
profetas y megaiglesias** 171

30 ¿Hay apóstoles en la
    iglesia de hoy? 173
31 La cobertura espiritual 183
32 ¿Jerarquías de liderazgo
    en el Nuevo Testamento? 189
33 La Iglesia y su liderazgo actual 195
34 Los profetas de azúcar 199
35 ¿Cómo nos leen
    los falsos profetas? 205
36 Guías proféticas:
    Rony Chaves del 2009 y 2010 213
37 Las iglesias y el diezmo 223
38 Las megaiglesias:
    el «Walmart» del Evangelio 229
39 ¿Cómo deberían ser nuestros
    cultos, según Pablo? 235
40 El templo y la hospitalidad
    del Cuerpo de Cristo 239
41 Si no es con diezmos,
    ¿cómo podría una iglesia
    financiar sus gastos? 245
42 Concluyendo el libro 255

Trabajos citados 263

INTRODUCCIÓN

La congregación terminaba de cantar el estribillo:

> Estando aquí, en la casa de Dios,
> alegraremos su corazón;
> le brindaremos ofrendas
> de obediencia y amor,
> en la casa de Dios.

El tiempo de los cantos había terminado y el «ungido» toma el pulpito. La ansiedad espiritual del público se eleva. Hace muchos domingos que el apóstol no predica, y todos sabían que este iba a traer palabra nueva. El mensaje no se deja esperar, el apóstol dice: «El Señor me ha hablado, y quiere un templo más grande para adorarle, donde se pueblo pueda caber». El sermón se basó básicamente en pasajes del Antiguo Testamento, con la idea de que Dios quiere morar entre su pueblo, y por tanto requiere de un lugar digno.

La inversión es millonaria, pero es «la casa de Dios», y una campaña de ofrendas y diezmos se genera para pagar los gastos millonarios que esto exige. Entre los ancianos de la iglesia se encuentran hombres de negocios, arquitectos, ingenieros, dueños de constructoras, en fin, todos sirven con un propósito: Construir el templo más grande de Costa Rica.

Todos los grupos de estudio discuten el tema. Sin embargo, un grupo de estos va más allá en la discusión. El líder en su reunión semanal lanza las siguientes preguntas: *¿Quién o qué entonces es el templo? ¿Necesitamos templos, edificios donde Dios venga a morar? ¿Estamos acaso aún viviendo, bajo el punto de vista teológico, en el Antiguo Testamento? ¿Queremos construir un lugar donde Dios venga a morar en medio de nosotros? El plan de Dios incluye su deseo de coexistir con los humanos, ¿pero quién debe construir ese templo, Dios o nosotros?* Los miembros del grupo no saben qué pensar, y empiezan el estudio de este tema. La metodología ha variado, pero no el interés por las Escrituras, así que empiezan desde su inicio, con Génesis. La idea es que cada quién busque libros sobre el tema, para que enriquezcan el estudio.

La primera semana leen y estudian los primeros doce capítulos de Génesis. En un inicio en el edén, toda la creación estaba llena de la presencia de Dios, y los humanos teníamos línea directa con Dios. Ese era el plan de Dios, hasta que nuestra caída en el pecado creo la separación. A partir de este momento, Dios inicia su plan redentor según su deseo de convivir con nosotros. En otras palabras, descubren que Dios quiere «regresar a Adán al jardín del edén» para tener así plena comunión con nosotros.

Durante las siguientes semanas en su estudio temático, abordan el tema del tabernáculo desde Éxodo, hasta la construcción y destrucción del templo a través del Antiguo Testamento. Ante tal deseo de coexistencia por parte de Dios, el Antiguo Testamento les narra la primera concreta expresión de ese plan restaurativo de Dios, cual fue el tabernáculo (Éxodo 25:8). Dios regresa a vivir entre su gente. En Éxodo 40, el tabernáculo se inaugura con nube, fuego, y viento. Así, Dios acampa en su tienda entre su gente. Igualmente vendría el templo donde Dios llega a morar (1 Reyes 6:13). En 1 Reyes 8 el templo también se inaugura con nube, fuego, y viento. Sin embargo, en el lugar santísimo solamente un hombre, una vez al año, podía acceder a dicha presencia Divina. Los deformados, enfermos, impuros, extranjeros, y mujeres no podían acercarse. Sin embargo, el templo permanecía como testimonio para las naciones de que Israel adoraba a Yavé, y que Dios moraba entre su pueblo.

Las semanas transcurren y la campaña proconstrucción del nuevo templo se refuerza. Hasta el momento en su lectura del Antiguo Testamento descubren lo hermoso que es tener un lugar donde Dios pueda morar, y su pueblo deleitarse en su presencia. El estudio continúa, y ahora llegan al Nuevo Testamento.

Empiezan con los primeros capítulos de cada Evangelio y notan como Cristo con su Reino se acerca con señales y milagros (el nuevo pacto) y el reino de las tinieblas empieza a retroceder. Curiosamente, algo los detiene en Juan 1:14, que narra cómo la Palabra tomó cuerpo humano (se encarnó), y se «tabernaculó» (plantó su tienda) entre nosotros. La intención del autor es presentar al Cristo como esa imagen del Dios invisible, esta vez sin un velo que dividiera el lugar santísimo de su pueblo (Colosenses 1:15). La presencia de Dios caminaba literalmente entre su pueblo, y pasó más tiempo en las calles que en el templo. La confusión del grupo aumenta. Ahora es Dios, en Cristo, quien construye su presencia entre su pueblo, pero sin necesidad de un templo.

Sin embargo, el estudio continúa y, en las cartas de Pablo, ellos y ellas descubren el concepto del Cuerpo de Cristo, la comunidad de creyentes. En 1 Corintios 3:16, 17 la comunidad de creyentes se convierte en el templo de Dios

> *¿Acaso no saben ustedes que son templo de Dios, y que el Espíritu de Dios vive en ustedes? Si alguno destruye el templo de Dios, Dios lo destruirá a él, porque el templo de Dios es santo, y ese templo son ustedes mismos.*

Aun más, en 1 Corintios 6:19, 20, Pablo presenta al creyente como individuo que también es templo.

> *¿No saben ustedes que su cuerpo es templo del Espíritu Santo que Dios les ha dado, y que el Espíritu Santo vive en ustedes? Ustedes no son sus propios dueños, porque Dios los ha comprado. Por eso deben honrar a Dios en el cuerpo.*

La confusión aumenta con las semanas cuando en 1 Pedro 2:5 leen,

> *De esta manera, Dios hará de ustedes, como de piedras vivas, un templo espiritual, un sacerdocio santo, que por medio de Jesucristo ofrezca sacrificios espirituales, agradables a Dios.*

En sus reflexiones y oraciones descubren que la iglesia como comunidad universal es capaz de trascender el lugar geográfico de un templo, para convertirse en testimonio para las naciones de que Dios quiere morar en toda su creación, en todos los pueblos de la Tierra. Por tanto, el tabernáculo de Dios, y el templo, dejan de ser un lugar especifico para convertirse en una comunidad de creyentes andante y presente en el mundo. En dicha comunidad santos y pecadores pueden encontrarse con Dios.

En Hechos, con el Pentecostés, descubren como el Espíritu Santo viene a morar en toda carne, e inaugura su presencia con viento y fuego. Así, un pasaje les golpea con mucha fuerza, Hechos 7:48-50:

> *Pero como el Dios todopoderoso no vive en lugares hechos por seres humanos, dijo por medio de un profeta: «El cielo es mi trono, es mi silla real, y sobre la tierra apoyo mis pies. ¿Qué*

casa podrían construirme? ¿Dónde podría yo descansar si yo fui quien hizo todo esto?»

En su lectura en Hechos notan que la comunidad de creyentes es empoderada con los poderes del Cristo, por medio del Espíritu. Junto a su lecturas de los Corintios, descubren que todos, según nuestros dones, estamos empoderados para servir, como sacerdotes (el sacerdocio de todos los creyentes). No solo son algunos los ungidos, sino que todos estamos ungidos con dones particulares que nos sirven para ser testigos en el mundo de que el Reino se ha acercado, y para someternos los unos a los otros. Aquellos que una vez fueron rechazados por su etnia, género, o condición física y no podían acercarse a la presencia de Dios, ahora están inmersos, bautizados, llenos del Espíritu.

¡Sin embargo, la historia no termina allí! En Apocalipsis descubren que dice «no vi ningún santuario en la ciudad, porque el Señor, el Dios todopoderoso, es su santuario, y también el Cordero» (Apocalipsis 21:22). El acceso directo a la presencia de Dios será restaurado por completo. ¡Adán ha vuelto a su jardín! ¡Total reconciliación!

Durante semanas el grupo de estudio mantenía opiniones encontradas. Pero el descontento con la campaña proconstrucción del «gran templo» a Jehová los mantenía inquietos. El ungido, desde Miami, ha enviado un correo para decirles que lo revelado en las Escrituras es que el diezmo no es un 10 %, sino un 30 %, pues eran tres diezmos los que se traían al templo.

Así fue como nuestro grupo decidió invitar a algunos teólogos, profesores de seminario, y a sus mismos pastores, entre otros, a que les pudieran contestar algunas de sus inquietudes. Eso no hizo más que aumentar el malestar contra la construcción del nuevo templo. Así, empiezan a discutir del pobre programa de evangelización de que dispone la iglesia, y como no cuentan con dinero en sus presupuestos para enviar misioneros a otras naciones, no pueden ayudar a los necesitados, no pueden brindar cuidado pastoral a su gente, simplemente porque tienen que invertir millones de dólares en sus edificios.

Uno de los integrantes critica cómo su familia vive para el *show* del fin de semana, para ir a *la casa de Dios* para alabarle. Y otros se preguntan, ¿Por qué no invertimos ese dinero en empoderar y adoctrinar esos creyentes para que en sus barrios marquen la diferencia de la presencia del Reino? ¿Por qué metemos a la comunidad de Cristo en un edificio, en vez de enviarla al mundo? ¿Por qué construimos edificios que a fin de cuentas pueden llegar a estorbar la misión de Dios de servir y llevar su testimonio al mundo? Y si acaso el mundo viniera a nuestro espectáculo de fin de semana, la misma iglesia no está preparada ni es lo suficientemente amigable para recibirlo y atenderlo.

En su experiencia de muchas semanas de estudio descubren que si todo creyente pusiera en práctica sus dones espirituales, y si la casa de cada familia cristiana sirviera como espacio para que pequeños grupos de creyentes, con visión evangelizadora y misionera, lleven la presencia del Espíritu a cada barrio, tal vez se hubiera impresionado ya todo el país con el Evangelio. No se trata de abandonar edificios en favor de casas habitables, sino de empoderar a los creyentes para que cumplan con la misión de Dios. Se trata de *ser Iglesia*, no de *hacer Iglesia* solo los domingos. Por tanto, el *hacer Iglesia*, que requiere de un templo más grande y majestuoso, no es necesario para los creyentes.

Así el líder del grupo lanza las siguientes preguntas: ¿Qué vamos a hacer este fin de semana, ir a *la casa de Dios* o comportarnos como la comunidad de Dios e ir con otros creyentes al mundo para llevar a Cristo? ¿Seguiremos como espectadores de un espectáculo, o como actores de la presencia del Espíritu en el mundo? Estos estudiosos ven la necesidad de compartir sus inquietudes con el ungido y sus líderes. Ni siquiera logran una reunión. Simplemente los que no se apegan a la nueva visión están fuera. Nuestro grupo de amigos son expulsados de su congregación por rebelarse contra *el mandato de Dios*. Esto da a lugar al nacimiento de una nueva congregación comprometida con su barrio y con transformar su comunidad. Aquellos expulsados encuentran su propósito como gente deseosa de seguir estudiando y poner en práctica las Escrituras.

En América Latina historias como esta son más comunes de lo que podemos creer. Existe la moda, principalmente entre megacongregaciones protestantes, de construir edificaciones cada vez más grandes, y para ello requieren de su feligresía cada vez más dinero. Asimismo, para que la gente entregue más dinero, se ofrecen a cambio promesas de prosperidad por líderes que se enriquecen más y más. El hacer de la Iglesia se ha convertido en un negocio, y se administra como tal.

Sin embargo, San Pablo nos recuerda que «Nosotros no andamos negociando con el mensaje de Dios, como lo hacen muchos» (2 Corintios 2:17a). Un mensaje valido para aquellos que una vez fueron pastores evangélicos de origen humilde, sencillos, que ganaban un salario mínimo. Con grandes esfuerzos lograron terminar su secundaria, y hoy algunos son millonarios, pues se llevan cada domingo grandes sumas de dinero en efectivo.

Estos líderes o pastores religiosos, a quienes podemos llamar superapóstoles, predican una teología que refuerza pragmáticamente las propuestas básicas de una economía de mercado, y con ella, amparados en la Biblia, justifican el consumismo y el goce egoísta de los bienes terrenales, algo que va en contra de lo que las Escrituras enseñan. Estos líderes religiosos se guían por supuestas leyes o principios bíblicos de la prosperidad financiera. Estos principios o leyes son mágicos, pues no tienen exigencias éticas por parte de Dios, quien se ve atado a responder a tales leyes. Lo que los humanos deben hacer es cumplir con tales principios y esperar, pues «como hijos de Dios son herederos de sus riquezas».

De igual forma, pareciera que las leyes del mercado gobiernan al Dios todo poderoso y su santísima voluntad. En la Biblia, esta ley del mercado parece encontrarse en ciertos temas teológicos como «el pacto», «la siembra y la cosecha», «el diezmo y las ofrendas», y «el ciento por uno». Estos temas bíblicos contienen un principio de causa y efecto: «el que quiere recibir debe dar en abundancia». El necesitado le pide a Dios una bendición, y si recibe tal bendición el necesitado debe dar de su parte, y así bendecir el ministerio del profeta o apóstol que facilitó el pacto. ¿Quién fue en realidad el bendecido en esta transacción?

¿De dónde salieron estas interpretaciones bíblicas tan extrañas? El pentecostalismo se debe distinguir en tres olas, o movimientos históricos. Primero, el pentecostalismo clásico llegó a nuestra región desde inicios y hasta mediados del siglo XX. La segunda ola durante los años 70 nos trae el movimiento carismático. Este movimiento afectó a toda denominación protestante, y hasta la iglesia católica romana. Finalmente, el último movimiento es el neopentecostal, o de la tercera ola, que se desarrollo a inicios de los años 90, y hoy se encuentra en su plenitud como parte de los nuevos movimientos religiosos latinoamericanos (NRMs, por su denominación en inglés). Allí se encuentran los superapóstoles, y una aclaración es válida: no toda iglesia evangélica, o pentecostal debe ser confundida con estos grupos neopentecostales. La diferencia yace en las características aquí mencionadas.

Estos líderes neopentecostales, una vez fueron parte de los movimientos pentecostales, pero se separaron de sus denominaciones para «ser fieles al mover del Espíritu Santo». Muchos de ellos hoy son líderes de megaiglesias (*i. e.*, iglesias con una asistencia semanal de más de 2 000 personas). Con el tiempo ellos han subido de rango religioso. Algunos de los pastores pasan a ser profetas, y de profetas a apóstoles, y de apóstoles unos pocos han llegado a convertirse en apóstoles de apóstoles. Así como se aumentan de rango se aumentan el salario. Además de ser empresarios con canales de televisión y estaciones de radio en algunos países, también son buenos chamanes. Hay cierto tipo de espíritus, sanaciones, limpias, y bendiciones que solo ellos pueden brindar. Ellos prometen curaciones y bendiciones materiales, a cambio de «una donación» que la persona siembra o pacta con Dios.

En este contexto latinoamericano de recaudación de diezmos a cambio de promesas de riquezas, de construcción de templos cada vez más y más grandes, y el surgimiento de nuevas estructuras de liderazgo religioso es como se inspiró este libro. Este libro pretende contestar de manera bíblica a estas interrogantes sobre las riquezas, los templos, y falsos apóstoles (*i. e*, superapóstoles) desde una perspectiva pastoral pero con fuerte soporte bíblico-teológico. La forma de entender el adquirir y administrar las riquezas, el construir y participar de un templo, y el papel actual de los cada vez más numerosos superapóstoles, se ha convertido en tres ingredientes de un coctel venenoso que han desviado la iglesia en América Latina hacia peligrosas herejías.

El libro está dividido en cuatro partes, que a su vez contienen 42 pequeños capítulos fáciles de leer. El libro se inicia en sus primeras tres partes desarrollando el tema de las posesiones materiales. Luego, la cuarta parte desarrolla el tema del templo, en cuanto a su propósito y función. La quinta parte provee de reflexiones críticas acerca de temas sobre la iglesia hispana, o en América Latina y sus liderazgos neopentecostales, y cierra con un capítulo de soluciones prácticas para el financiamiento de congregaciones. Todo como una manera de entender la mayordomía cristiana.

Pastores y otros líderes cristianos pueden utilizar este libro como apoyo bíblico para discipular adoctrinar sobre la mayordomía cristiana en nuestro contexto iberoamericano. Hoy más que nunca hay que enfrentar a nuevos —y viejos— creyentes de otras iglesias, que llegan a nuestras congregaciones buscando curaciones del Señor, pues vienen de iglesias donde han abusado de ellos espiritual y económicamente. Es necesario atender teológicamente con detalle, y en palabras simples, el tema de la mayordomía cristiana en nuestra sociedad capitalista, de tantas desigualdades sociales. Igualmente, algunas personas confunden su iglesia local con el papel del templo del Antiguo Testamento. Creen en construir un edificio millonario para que Dios se sienta digno de visitarles, buscan recoger diezmos, ofrendas, pactos, y sacrificios para fortalecer y enriquecer a una casta religiosa que ha desvirtuado el significado del ministerio quíntuple.

Nuestras iglesias están siendo tentadas con un «iglecrecimiento» basado en el mercadeo, un estilo de liderazgo monolítico y opresivo, una ideología mercantilista donde a Dios se le presenta como una maquina tragamonedas, y que se orienta a la construcción de templos o centros de convenciones para albergar a Dios. Todo esto sucede en contextos de gran pobreza y desigualdad social, mientras a la clase media evangélica le da comezón de oídos por cualquier enseñanza que les permita mantener su estilo de vida materialista. ¿Qué hacer? Nuestras iglesias necesitan presentar a un Cristo que salva y transforma todas las áreas de la vida, ver iglesias creciendo integralmente, reflejando el carácter de Cristo que demuestra como nos amamos los unos a los otros, experimentando un liderazgo de servicio sacrificial, entendiendo a un Dios de gracia y perdón que quiere transformar vidas, y participando de comunidades que orientan sus recursos no a edificios y salarios sino al servicio del Reino. Este reto requiere de una teología integral de las posesiones materiales, una teología de la iglesia como nuevo templo, y una comunidad cristiana basada en el sacerdocio universal de todos los creyentes. En otras palabras, necesitamos revisar nuestra teología de la mayordomía cristiana (*i. e*, el cómo manejamos nuestras posesiones materiales), y este libro pretende atender a estas inquietudes.

PARTE I
En cuanto a las riquezas en las Escrituras

Traed todo el diezmo al alfolí, para que haya alimento en mi casa; y ponedme ahora a prueba en esto —dice el Señor de los ejércitos— si no os abriré las ventanas del cielo, y derramaré para vosotros bendición hasta que sobreabunde.
(Malaquías 3:10, LBA, La Biblia de las Américas.)

Tomar pasajes bíblicos al azar y hacer interpretaciones privadas de estos se presta para muchos abusos. Las Escrituras deben leerse y estudiarse en comunidad, pues el Espíritu Santo es quien empodera y edifica a la Iglesia con multitud de dones. Es cierto que el pastor, o la pastora, pueda tener mayor sabiduría y disponga de herramientas interpretativas para enseñar las Escrituras. Sin embargo, ¿qué hacemos con una enseñanza si esta no se pone en práctica por parte de la Iglesia? Toda interpretación bíblica debe no solo presentarse en el pizarrón, sino también en el corazón de cada creyente para enfrentar el mundo en el poder de Cristo. Por ello es que decimos que las interpretaciones son públicas, pues las lecturas, enseñanzas, y aplicaciones bíblicas deben hacerse en el contexto del Cuerpo de Cristo, donde el sacerdocio de todos los creyentes se empodera para servir a Dios.

Una buena interpretación bíblica debe tomar la Biblia de pasta a pasta, de principio a fin. Es decir, debemos empezar desde la creación (Génesis), y terminar con la nueva creación al final de los tiempos (Apocalipsis). Por tanto, si deseamos interpretar Malaquías 3:18 para enseñar sobre el diezmo, debemos considerar las enseñanzas en cuanto a la mayordomía y las posesiones materiales, en el contexto histórico del templo en una época cercana al exilio, y el enojo de Dios por aquellos que no diezman como ejemplo del haber roto el pacto, y a su vez causan injusticia. Esos temas de la mayordomía cristiana debemos estudiarlos desde Génesis hasta el Apocalipsis comprendiendo cómo se desarrollan a través de las Escrituras. ¡Esto busca el comienzo de esta primera sección!

CAPÍTULO 1

La economía en Israel

Con unas pocas excepciones podríamos decir que eran los hombres ricos quienes controlaban las propiedades agrícolas, fuente primaria de producción de riqueza en los tiempos bíblicos. Esto era así, pues las mujeres judías no podían poseer ni heredar propiedades. El lugar de trabajo de la mujer era el hogar, para cuidar de los niños y niñas, velar por los bienes de la casa, y servir a sus esposos. Y el trabajo del hombre estaba en el mundo para proveer el hogar. El hecho de que estas perspectivas de género se encuentren en las Escrituras, y tengan alguna resonancia social con el mundo actual nuestro, no significa que responda a un plan eterno de Dios para la humanidad. Así eran las cosas en aquel entonces, y lastimosamente, con algunas excepciones contextuales, todavía podrían ser así hoy en día en el área del poder económico y político.

La economía de base en el mundo antiguo era la agricultura. Esa economía no era controlada por bolsas de valores, ni tasas de interés, ni inversiones bancarias. Lo que sí controlaba la economía del primer siglo era el clima. Plagas, mucha lluvia, poca lluvia, inundaciones, tormentas, eran situaciones que afectaban a la producción de riqueza. Hambrunas, y la escasez de ciertos productos, era algo que afectaba a la vida diaria de las personas. ¡Aun más: imaginémonos un mundo sin refrigeración, sin fertilizantes, y sin supermercados! En aquel entonces dar gracias por el pan de cada día, era una práctica espiritual diaria de profundo significado.

En los meses de verano de la Tierra Santa, entre los meses de mayo y septiembre, la sequía era cosa severa. En aquella época antigua en el sur de Israel las lluvias eran de unos cincuenta milímetros, y en el norte de Galilea de unos ochocientos milímetros.[1] Por tal escasez de humedad, la tierra de Israel era la tierra del trigo, la cebada, vinos, higos, granadillas, miel, y olivos (Deuteronomio 8:8, Nehemías 5:11, Oseas 9:2-4, Proverbios 9:5). Estos son productos que resisten las sequías, y crecen rápidamente durante la época de lluvias.

Era cierto que las ovejas y las cabras proveían de algún aporte a la dieta alimenticia del primer siglo. En general, en aquellas épocas a la gente común se le podría considerar vegetariana. «Se necesita tener en mente que para la mayoría de las personas de aquella época no era algo muy común matar animales para el sacrificio».[2] Mantener animales sanos, y gordos no se hacía simplemente con el propósito de matarlos, sino de sacarles provecho para el trabajo, y de que se reprodujeran (como en el caso de los animales de carga y arado). Los sacrificios religiosos eran, verdaderamente, sacrificios económicos muy fuertes para cualquier familia.

Era común para la mayoría de las familias confeccionar su propia ropa y calzado, y fabricar sus herramientas. Para adqui-

---

[1] Witherington, 2010, 45.
[2] Witherington, 2010, 45.

rir ciertos productos que alguien no podía producir, era común el intercambio o trueque. El dinero no era la base de la economía antigua. Aunque sí era producido o acuñado por las elites políticas y religiosas. El dinero funcionaba como herramienta para facilitar el cobro de impuestos. Y después de pagar los impuestos, a las familias les quedaba muy poco para sobrevivir.

Otro factor que afectaba a la economía del mundo antiguo era la del honorvergüenza. Este era un valor más romano que bíblico. Por un lado, a la pobreza no se la veía como una desgracia, sino como algo vergonzoso, una maldición de Dios. ¡Esto se corresponde con algunos grupos religiosos de hoy que promueven la prosperidad! Por otro lado, a la riqueza se la consideraba como algo honorable, y a los ricos como personas bendecidas por Dios.[3] Esto contradecía las Escrituras, y las mismas enseñanzas de Cristo para proteger a la viuda y al huérfano (Éxodo 22:22; Isaías 1:17).

Una variable más, y muy importante, era el control de los imperios de la época. Por ejemplo, el Imperio romano tenía una economía global (*i. e.*, según se entendía el mundo en aquel entonces). Jesús nace en una época donde el Imperio romano tenía control de todo el Mediterráneo. Así, el control político de la economía era necesario para asegurarse la reducción de fricciones sociales (*i. e.*, como en el caso de los revolucionarios judíos, los zelotes en el Nuevo Testamento). Los dueños de las tierras eran terratenientes ausentes de sus campos, pues vivían en ciudades. Por eso los encargados de las tierras eran los capataces. No es por accidente que capataces, recaudadores de impuestos y esclavos fueran actores importantes en los Evangelios (Lucas 12:42; 16:1-8; Marcos 13:34, 35). Aquellos, como los artesanos, que no trabajaban en el campo, tenían posibilidades de ganar más dinero en la construcción (como pudo ser para Jesús). La expansión del Imperio incluía la urbanización, y con ello el auge de la construcción. Por otro lado, los

---

[3] Witherington, 2010, 47.

pescadores, los negociantes, herreros, productores de incienso, los pastores, eran otras tareas que diversificaban la economía.

En cuanto a impuestos, había una diferencia entre los impuestos religiosos, los estatales, y los provinciales. En los religiosos se incluían los impuestos del templo, así como las primicias y los diezmos. En los impuestos estatales se incluían el impuesto por habitante, que se contaba según algún censo (Lucas 2), y el impuesto a la tierra. Otros tipos de impuestos eran los de ventas, de importación y exportación, y de paso que se cobraban en las fronteras. Existían también impuestos como la angaria que era el poner a una persona a hacer un trabajo involuntario (Mateo 5:41).

Los que cobraban esa variedad de impuestos eran los recaudadores de impuestos (Lucas 19). En el Nuevo Testamento estos no eran queridos y eran considerados traidores por explotar a su gente para enriquecer a Roma. Incluso el cobrador de impuestos debía pagarse a sí mismo, a sus colaboradores, y enviar los cobros a sus supervisores. Los impuestos del templo se recaudaban en otras ciudades fuera de Jerusalén, y personas respetables los llevaban luego al templo. Es en este contexto donde se escriben los Evangelios, y en ellos se trata el tema de las posesiones materiales y el dinero.

Aquellos elementos del año del jubileo —el cuidar por los más vulnerables, la prohibición de cobrar interés, y creer que la creación le pertenece a Dios— estaban presentes. Sin embargo, no se ponían en práctica, pues la estructura de explotación imperial no lo permitía. «Jesús siempre relacionó asuntos de dinero con los asuntos de Dios».[4] Pues Jesús, en su primer sermón, anuncia la llegada del año del jubileo (Lucas 4).

Después de que diferentes comunidades primitivas mantuvieran las enseñanzas de Cristo de manera oral, algunas decidieron ponerlas por escrito para compartirlas con otras comunidades. Es cierto que hubo alguien que las escribió. Sin embargo, solamente

---

[4] Witherington, 2010, 48.

Lucas se identifica a sí mismo como escritor de los Evangelios. Los demás Evangelios, Mateo, Marcos, o Juan, no hay seguridad de quién los escribió. ¡Eso no significa que la autenticidad de los Evangelios esté en tela de juicio! Todo lo contrario, el autor o los autores de cada Evangelio representaban las historias sagradas de comunidades cristianas; y últimamente el inspirador de las Escrituras es el Espíritu Santo. Estos Evangelios son un tipo de literatura muy particular. No se trata de biografías, ni de tratados teológicos, sino de narrativas, historias con enseñanzas profundas.

Ahora bien, debemos considerar, además, que estos Evangelios fueron escritos después de la destrucción del templo de Jerusalén. La destrucción del templo fue sangrienta, y marcó un punto de partida para que el cristianismo empezara a separarse del judaísmo y se expandiera aún más en el mundo grecorromano. Por tanto, los Evangelios fueron escritos entre el año 70 y el 100 después de Cristo. Es decir, pasarían 50 años después del ministerio de Cristo antes de que sus enseñanzas se escribieran (pues eran historia oral). Antes de los Evangelios, la Carta a los hebreos, primera y segunda de Pedro, Judas, y Santiago fueron puestas por escrito. En pocas palabras, cronológicamente hablando, los Evangelios son escritos tardíos en la colección del Nuevo Testamento.

Al leer el Nuevo Testamento debemos recordarnos que sin comprender su conexión con el Antiguo Testamento podemos llegar a conclusiones muy equivocadas. Es decir, existe una continuidad entre el Antiguo Testamento y el Nuevo Testamento, como también existe una discontinuidad. Algunas veces nos enfocamos hacia la discontinuidad, dejando de lado su continuidad. Eso lo veremos con detalle más tarde. Otro elemento que es importante recordar, es el problema del anacronismo. Debemos ser cuidadosos de no proyectar ideas modernas en los mundos antiguos a los que se refiere la Escritura. Empecemos con Génesis para comprender cómo se desarrolla la teología bíblica en cuanto a los temas que nos competen.

CAPÍTULO 2

La mayordomía en el Antiguo Testamento

Permítanme en esta parte empezar por dividir los libros de la Ley o del Pentateuco en varias secciones para un mejor desarrollo del tema. La división será en secciones que abarcaran varios capítulos o aun libros, y estas secciones se dividirán a su vez en segmentos. Para empezar, la primera sección dentro del Pentateuco (los primeros cinco libros de la Biblia cristiana) podríamos ubicarla desde el periodo de la creación (Génesis capítulo 1) hasta la recepción de la Ley de Moisés en Éxodo, capítulo 19. Esta sección la podemos dividir en varios segmentos más específicos. El primer segmento abarca los capítulos de Génesis 1 al 11, que nos presentan la historia de la creación y la caída de la humanidad en enemistad con Dios (*i. e.*, el pecado). El segundo segmento, los capítulos 12 al 50 de Génesis, nos describe las historias de los patriarcas, la selección del pueblo de Dios, y la promesa de la Tierra Prometida. A través de estas personas, toda bendición espiritual y material fluiría por todo el mundo (Génesis 12:3).

En Éxodo, ya entramos en otro segmento, que involucra la libertad del pueblo de Dios, después de una época de esclavitud de unos 400 años en Egipto, bajo el liderazgo de Moisés. En Éxodo 19, los israelitas llegan al monte Sinaí y allí Dios les revela su ley para inaugurar el pacto, pacto que permanecería en vigencia hasta la llegada del Mesías. El penúltimo segmento será cuando el pueblo de Israel llega a la Tierra Prometida. Aquí incluiremos a Josué, los jueces, y la monarquía. Finalmente las últimas secciones serán los libros de sabiduría, y los libros proféticos. Estas últimas secciones y segmentos constantemente apelarán a una teología de la creación en Génesis, y a los aspectos de justicia del pacto entre Dios y su pueblo, basados en el Pentateuco. Por tanto, es necesario prestar cuidadosa atención a esos primeros cinco libros de nuestras Escrituras.

CAPÍTULO 3

Del edén hasta el Sinaí

Para entender la problemática con las riquezas y la pobreza, desde las Escrituras, debemos empezar desde el principio de todas las cosas para captar el propósito de Dios para entregar la mayordomía de sus recursos en manos humanas. Veamos varios principios teológicos que podemos rescatar en este primer segmento en Génesis (capítulos 1 al 11).

Siete veces en el primer capítulo de Génesis podemos encontrar el primer principio teológico de la mayordomía: «Dios creó todas las cosas (1:1), y todas estas cosas eran buenas» (1:4, 10, 12, 18, 21, 25, 31). Por supuesto, los humanos tenemos la capacidad, por ignorancia o por simple maldad, de transformar lo que fue originalmente bueno en algo malo. Por ejemplo, pensemos en las hojas de la planta de coca. Inherentemente, las hojas de coca no son malas, pero al sintetizarlas químicamente se obtiene la cocaína. El tráfico de cocaína es un negocio ilegal y multimillonario. Esto nos demuestra que todas las cosas fueron originalmente buenas, y hechas por Dios, y el propósito fue que esas cosas fueran hechas para bien. *Así que si Dios creó todas las cosas, por tanto, todas las cosas le pertenecen a Dios.*

Entonces, si Dios es el creador y dueño de todas la cosas, nosotros los humanos, ¿quiénes somos en cuanto a las posesiones materiales? *Los humanos somos administradores, no poseedores de las posesiones materiales. Es decir, somos administradores de lo que le pertenece a Dios.* ¿Qué implicaciones tiene esto para nuestro diario vivir? En el jardín de edén toda posesión material existía para que Adán y Eva la disfrutara. Esto nos puede comunicar que aunque seamos capaces de adquirir y vender posesiones, estas no nos pertenecen, aunque sí podamos disfrutarlas en su plenitud. Es cierto que vivimos en una sociedad capitalista donde la libertad de mercado dicta la posibilidad de vender y comprar posesiones y usar dinero como objeto de intercambio. Erróneamente nuestra sociedad nos dicta que nuestro dinero es nuestro, y lo que adquirimos con él es, por tanto, nuestro también. Una conclusión, como vemos, que desde una perspectiva bíblica es errónea.

Dios es el dueño del universo, pues lo creó, y nos lo ha prestado a nosotros para administrarlo cuidándolo y disfrutándolo. Esta teología bíblica de la creación nos dicta que toda idea de propiedad privada o propiedad pública es falsa. Ahora, podemos funcionar en una sociedad capitalista, y poseer bienes o venderlos. Podemos tener un trabajo y recibir dinero a cambio de nuestro esfuerzo. Sin embargo, debemos recordar que tales bienes, y el instrumento que utilizamos para su adquisición, como lo es el dinero, en última instancia son de Dios, y somos responsables de cómo lo usamos y para qué lo usamos. Por tanto, compartir nuestras posesiones no es opcional sino una obligación, como veremos más adelante.

En Génesis (capítulos 12 al 50), se nos describe cómo Dios escoge a los patriarcas, y les prospera. Primero, se acerca a Abraham para hacerle el padre de una gran nación, para que así todas las naciones de la Tierra fueran benditas por medio de él.

Haré de ti una nación grande, y te bendeciré, y engrandeceré tu nombre, y serás bendición. Bendeciré a los que te bendigan, y al que te maldiga, maldeciré. Y en ti serán benditas todas las familias de la tierra. (Génesis 12:2, 3, LBA.)

Estas promesas, con algunas variaciones, se repetirán en todo el libro de Génesis para otros patriarcas descendientes de Abraham, como lo son Isaac o Jacob (12:7, 15:18, 17:8, 22:17). Estos patriarcas, por medio de esta promesa, empezaron a acumular posesiones o riquezas (20:14-16, 24:25, 26:13, 30:43, 47:27), y a disfrutar de la Tierra Prometida, aunque como nómadas no permanecieron en ella. Estas riquezas de los patriarcas deben entenderse en el marco de un claro contexto del pacto. *Sabiendo que tales riquezas les fueron dadas por Dios, y que estos personajes fueron generosos.* Por ejemplo, Abraham le permite a Lot tomar la parte más fértil de Canaán (Génesis 13). Otro caso, cuando Abraham vence en batalla a los cinco reyes de Canaán, y entrega un diezmo al alto sacerdote de Salem, Melquisedec (14:20), mientras rechaza las riquezas del rey de Sodoma. Por último, debemos mencionar a otros patriarcas. Es cierto que la fidelidad de Jacob no era ejemplar, pero Dios le hace prosperar. En la historia, cuando Jacob le envía a Esaú la ofrenda de paz, Jacob dice: «Dios ha sido generoso conmigo, y tengo todo lo que necesito» (Génesis 33:11). Finalmente, José llega al poder en Egipto, y Dios les hace prosperar a él y a los egipcios.

El libro de Éxodo (capítulos 1 al 19), nos narra la esclavitud del pueblo de Israel, el llamado de Moisés, y la libertad de ese pueblo al salir de Egipto. Varios principios podemos rescatar de este segmento. Curiosamente, aquí se nos presenta una perspectiva de salvación como liberación que en sí misma es holística, pues aquellos físicamente oprimidos son liberados físicamente. Aun más, los egipcios muestran que Dios no quería que su pueblo saliera con las manos vacías, sino que salen de Egipto con una buena porción de riquezas (Éxodo 11:2, 3; 12:35, 36). Esta riqueza sería luego utilizada para construir el tabernáculo, aunque tales metales preciosos servirían de tentación a la idolatría para los israelitas (*e. g.*, la historia del carnero de oro en Éxodo 32:1-6). Es claro notar que Dios tenía un plan para su pueblo, pero dicho pueblo muestra querer tener su propio plan. Otro principio lo encontramos en 16:16-18 con el maná, o pan del cielo. *Aquí, Dios les provee de lo necesario para cada uno, para cada día. Dios en su fidelidad provee a su pueblo, y provee cada día lo suficiente.* Réplica de este principio nos la recuerda Jesús en su más memorable oración, en Mateo 6:11, donde dice: «El pan nuestro de cada día, dánoslo hoy».

El plan de Dios es salvarnos de la esclavitud del trabajo, y de cualquier sistema que nos oprima y no nos permita tener lo suficiente para vivir. ¿Cómo quiere Dios hacer esto?

CAPÍTULO 4

Del Sinaí hasta Canaán

Dios quiere que vivamos libres y en plenitud, disfrutando del fruto de la tierra. Ese mismo plan lo tenía Dios para Israel al darles la Tierra Prometida. Para ello era necesario adoctrinar al pueblo en lo que significa vivir equitativamente bajo un pacto con Dios. Así que era necesario hacerlos pasar por el desierto para que comprendieran que en lugares de poca producción Él es quien provee en todo momento. Desde la mitad del libro del Éxodo hasta la mitad del libro de Deuteronomio se describe a los israelitas en el desierto y la presentación de la ley de Dios. Uno de los errores más comunes entre cristianos es no leer esta sección por considerar la ley como obsoleta. Es cierto que la ley se cumple y termina con Cristo (*e. g.*, Mateo 5:17; Lucas 24:27, 44; Gálatas 6:2; Colosenses 2:17; Hebreos 8) pero la ley nos presenta principios que en algún nivel son aplicables para los cristianos hoy. En otras palabras, si alguna ley del Antiguo Testamento es rescatada o modificada en el Nuevo Testamento, entonces debemos obedecerla como forma de expresar la gracia de Dios en nosotros produciendo buenas obras. En este segmento de la ley veremos detalles enfatizados en aspectos como derechos de propiedad. Disfrutar de la tierra tiene privilegios y responsabilidades, y Dios necesita formarnos para entender esa distinción.

Un principio importante lo podemos encontrar en este segmento. Al prometer la tierra de Canaán, *Dios muestra su compromiso de proveer para su pueblo* (Números 14:8; Deuteronomio 6:3, 8:18), *a todos y todas según sus necesidades* (Números 26:54; Josué 13-19). Sin embargo, en Levítico 25:23 se nos recuerda un principio ya mencionado en las páginas anteriores: todas las cosas, en última instancia, le pertenecen a Dios, e Israel es su administrador. *Este principio se basaría en el sistema de sacrificios: recordar darle a Dios lo que a Dios le pertenece.* Por ejemplo, una breve mirada sociológica para explicar la razón de ser del sistema de sacrificios nos puede ayudar para comprender que el hecho de ofrecer un animal sin defecto como sacrificio, explica el costo del pecado. En una época sin veterinarios, sin antibióticos, con animales sin protección alguna contra parásitos y todo tipo de insectos y pestes, ofrecer en sacrificio un animal sin defecto era todo un sacrificio económico.

Entremos ahora en los detalles. Es importante este segmento de la ley, pues en él se basarán el resto de los libros de la Biblia, incluyendo los del Nuevo Testamento. Para comprender mejor las leyes del Antiguo Testamento en cuanto a derechos de propiedad (*i. e.*, como base para la acumulación de riqueza) podemos encontrar cuatro leyes: 1) leyes contra el interés; 2) leyes de días y años para el descanso y el perdón de las deudas; 3) leyes de impuesto, diezmos, y ofrendas; y 4) leyes sobre justicia para los pobres. Antes de proseguir debemos considerar el principio hermenéutico de anacronismo. En el contexto en que estas leyes se aplicaban, las antiguas economías no estaban basadas en el dinero, sino en el intercambio. Eso no significa que no hubiera dinero, sino que este se usaba raramente cuando había que pagar impuestos, y alguna otra transacción. Estas eran economías basadas en la esclavitud, así que no era necesario para el patrón tener dinero para pagar la nómina de los empleados.

En los siguientes capítulos esos principios de Génesis se expresan de modo contextual en los otros cuatro libros del Pentateuco, o libros de la Ley. Permítanme recalcar que aunque parezca aburrido leer los libros de la Ley, si préstamos una mirada cercana a ellos, estos tienen mucho que enseñarnos sobre justicia. No pretendo que obedezcamos la Ley, sino que busquemos detrás de ella esos principios de gracia, para comprender mejor el Nuevo Testamento. Es cierto que la Ley respondió a un contexto agrario y religioso de hace miles de años; pero a nosotros nos toca rescatar sus aplicaciones para hoy.

CAPÍTULO 5

La propiedad en la Ley

Dios otorga a Israel la Tierra Prometida. Poseer propiedades exige una mayordomía dentro del pueblo del pacto. En el Antiguo Testamento encontramos cuatro colecciones de leyes que presentan una buena cantidad de material bíblico en cuanto al tema de la mayordomía en el Antiguo Testamento. Esas cuatro colecciones son los diez mandamientos (Éxodo 20:2-17; Deuteronomio 5:6-21), el libro del pacto (Éxodo 20:22-23:33), el código de santidad (Levítico 17-26), y las leyes deuteronómicas (Deuteronomio 12-26). Estas colecciones demuestran ser fundamentales para aquellos que vivían bajo el pacto de Dios y proporcionan muchas alusiones a guías éticas a través del resto de las Escrituras. De estas vamos a extraer esos aspectos relacionados con el tema ético de la posesión de riqueza, y su contraria, la pobreza.[5]

---

[5] Baker, 2009, 1-11.

Empecemos con el subtema de los derechos de propiedad. De las Escrituras podemos extraer que poseer propiedades no es en sí algo malo. El problema yace en el peligro que nos lleva al materialismo (Deuteronomio 8:17, 18; Salmo 52:7; Mateo 6:24; Lucas 6:24, 25, 12:16-21; 1 Timoteo 6:9, 10; Apocalipsis 3:17). ¿Cómo saber la diferencia? *La mayordomía bíblica en cuanto a las posesiones materiales está basada en el principio de que el dueño último de toda propiedad y bienes es Dios, y las riquezas son un don divino en vez de un esfuerzo humano. Por tanto, toda propiedad es en sí sagrada pues nos ha sido confiada por Dios para bendecir a futuras generaciones; y el beneficio de toda propiedad no debe ser solamente para el mayordomo que temporalmente la dispone, sino también para ser compartida adecuadamente con otros.*

Poseer bienes genera también un problema, pues hay otros que al no disponer de bienes desean poseer como propio lo ajeno. El octavo mandamiento bien lo apunta: «no robarás» (Éxodo 20:15; Deuteronomio 5:19). A diferencia de otras naciones vecinas de Israel (el antiguo Oriente Próximo) como Egipto, y Grecia entre otros, para los israelitas no se especifica una sanción (*e. g.*, pena capital en caso de robo), y está abierta a toda clase social. En el libro del pacto (Éxodo 22:1-4; Hebreos 21:37-22:3) la pena impuesta al robo es la «múltiple restitución». Si el ladrón no tiene con qué pagar esta restitución, debe ser vendido como esclavo, y no será libre hasta que pague con su trabajo. Por su parte el código de santidad, curiosamente, ilustra cómo 'robo' también es el que el patrón no pague a sus empleados a tiempo. De esta manera, a pesar de que 'robar' parece sonar ambiguo, tiene un significado muy amplio.

También hay que considerar que los malos deseos nos llevan a malas acciones. Un ejemplo de las consecuencias de los malos pensamientos es el décimo mandamiento (*i. e.*, codiciar) que tiene que ver principalmente con pensamientos e intenciones, a diferencia de los otros mandamientos que tienen que ver con acciones, o palabras, como en el noveno. La codicia es algo que Dios considera como abominable según el segundo sermón de Moisés (Deuteronomio 7:25). Vale la pena aclarar la diferencia entre desear y codiciar, pues en el Deuteronomio la palabra 'deseo' se presenta varias veces en sentido neutral, nunca indica que 'deseo' tenga las implicaciones de 'codicia'.[6] Podemos decir que la 'codicia' es un fuerte mal deseo de poseer algo que no nos pertenece. La ley no presenta ninguna pena por codicia, pues es difícil de probar en la práctica. La santidad es un esfuerzo individual y colectivo, y no todo necesariamente merece sufrir una pena para ser controlado. Las Escrituras demuestran que los pensamientos son importantes de controlar, pues en su mala versión nos llevan a palabras y luego a malas acciones que atentan contra los bienes de otros.

Otra preocupación es la perdida de propiedad. El bienestar común incluye no solamente el respeto a la propiedad ajena, el no desearla, sino también asegurarla para sí y para otros. Es decir, aun si uno de nuestros enemigos perdía una de sus bestias estamos en obligación de ayudar a devolverla (Éxodo 23:4, 5; Deuteronomio 22:1-4). En aquel entonces las bestias no solo servían como medio de transporte, sino también para el arado, y para muchas otras funciones más. El perder un animal de trabajo suponía una gran pérdida. Así el que encontraba una bestia perdida era responsable de cuidarla hasta que esta fuera devuelta a su dueño. *La Escrituras nos llaman a tomar la iniciativa para ayudar a otros* (Lucas 10:31, 32). *El asegurar el bienestar de la propiedad de nuestro vecino es nuestro deber.*

---

[6] Baker, 2009, 33.

El derecho de propiedad nos lo ha dado dado Dios, y conlleva responsabilidades; privar a alguien de su propiedad (*e. g.*, robar) es una seria ofensa que no debe ser tolerada por aquellos que viven bajo el pacto. Incluso las Escrituras nos llaman a no codiciar las posesiones de otros, algo que puede llevarnos a cometer abuso, e igualmente a tomar la iniciativa para cuidar y devolver la propiedad perdida de nuestro vecino. A pesar de que Israel en su ley no muestra ser tan severa en cuanto al robo como sí lo eran sus vecinas culturas (culturas del antiguo Oriente Próximo castigaban con pena de muerte al ladrón en ciertas circunstancias), demuestra que *se da mayor valor a la vida humana que a los bienes materiales.*

De esta manera el poseer bienes conlleva una responsabilidad social. 'Responsabilidad' aquí se refiere a la pérdida de vida o propiedad causada indirectamente por algo de lo que una persona es dueña y, por lo tanto, responsable. Esto difiere de robo y muerte que son intencionados; la falta de intensión o de conocimiento no exime a un propietario de estar libre de responsabilidad. El principal tratado sobre la responsabilidad de la propiedad en el Antiguo Testamento lo podemos encontrar en Éxodo 21: 28-36. La regla básica aquí es que cuando un buey mata a alguien, el buey debe ser apedreado y su carne no comida, pero el propietario del animal es libre de toda responsabilidad. Aquí no hay distinción si la vida perdida es de una mujer o un hombre, niño, o niña; pero sí hay distinción si se es libre o esclavo. En caso que el buey ya tenga reputación de ser agresivo, y cometa el crimen, el dueño del animal paga con su vida o con dinero. Debemos ser responsables de nuestra propiedad, como mayordomos de Dios.

Ahora bien, ¿qué sucedería si una bestia de mi vecino entra en mi propiedad y cae en un agujero que mis trabajadores estaban cavando y no taparon adecuadamente, provocando la muerte de la bestia? Éxodo 21:33, 34 nos habla de otro aspecto de responsabilidad cuando el dueño de una propiedad deja al descubierto un agujero en la tierra. ¿Quién es responsable? Yo, como dueño de mi propiedad, debo restituir ese animal a mi vecino, según la ley. ¿Qué sucedería si una de mis bestias mata a una del vecino (Éxodo 21:35-36)? ¿Qué ocurriría si soy negligente con el mantenimiento de mi automóvil, y con este hago daño a una persona o su propiedad? *Toda persona es responsable de su propiedad y el daño, directo o indirecto, que esta pueda causar en otros.*

¿Qué acontecería si alguien no es propietario, pero es negligente, y permite que un daño ocurra a otra persona o a su propiedad? Éxodo 22:5, 6 nos ofrece dos cláusulas. En una nos muestra que una persona no es dueña del fuego, pero debe hacerse responsable por el daño que pudiera ocasionar, pagando los daños. ¿Qué pasaría si una persona acepta la responsabilidad de la propiedad o bienes de otra, al cuidarlos, tomarlos prestados, o arrendarlos? Los versículos de Éxodo 22:7-15 muestran que los mismos principios se aplican para aquellos que administran o cuidan de una propiedad, arriendan o toman prestadas posesiones ajenas, o son empleados. *La ley bíblica tiende a favorecer más al pobre* que arrienda bienes que al rico que los posee. Esto se da, pues los miembros de la comunidad del pacto están en obligación de ayudar a sus semejantes más necesitados prestándoles un animal sin esperar nada a cambio, de la misma manera como se espera que preste dinero sin interés alguno. Esta actitud de compasión es importante. El que presta sus bienes es responsable de lo que suceda con estos, pero quien los arrienda se hace responsable por lo arrendado como si fuera propio.

En la ley del Antiguo Testamento encontramos que existe una clara distinción entre ofensas contra la propiedad y ofensas contra las personas. La primera se compensa con propiedad o dinero, nunca con castigo físico o muerte. La segunda se trata con mayor severidad, aunque el castigo se mide en proporción al crimen cometido, según la ley del talión. Esta distinción se aplica tanto a ofensas directas (*e. g.*, muerte, robo, etc.), y a ofensas indirectas por causa de negligencia (*e. g.*, donde el dueño es responsable por su propiedad). *El principio legal aquí es que el dueño es responsable de su propiedad, y a este se le deben pedir cuentas. Es decir, nadie está exento de no rendir cuentas. Rendir cuentas en comunidad, incluso en medio del Cuerpo de Cristo, por el mal o buen uso de los bienes personales o colectivos es un deber de todo siervo o sierva de Dios.*

CAPÍTULO 6

Derechos de propiedad

Tal y como hemos visto, el poseer bienes conlleva una responsabilidad. Recordemos que los bienes que poseemos, en última instancia, no son nuestros, sino que somos sus administradores. Por tanto, estamos llamados a dar cuentas a otros y a Dios por la manera como los utilizamos. Sin embargo, hay personas que por alguna razón necesitan que se les eche una mano ¿Cómo deberíamos ayudar a estas personas, con los bienes que me han llamado a administrar? De igual manera, cada cultura genera sus propias leyes de cómo proceder. Recordemos que hoy vivimos en una sociedad capitalista donde se busca obtener ganancias, sin importar el deterioro del ambiente o el deterioro de las relaciones humanas. *El pueblo de Dios debe regirse por los principios del Reino aunque vivamos en una sociedad capitalista.* ¿Cómo los principios encontrados en Génesis nos pueden ayudar para entender los derechos de propiedad?

En Éxodo 22:25-27, Levítico 25:35-37 y en Deuteronomio 23:19, 20 encontramos el primer principio sobre derechos de la propiedad: está prohibido para los integrantes del pueblo de Dios que entre sí se presten dinero con interés (esta ley sí permitía prestar dinero con interés a los no israelitas que no fueran pobres). En estos tres textos hay que considerar dos términos hebreos: *neshek* y *tarbit*, que se traducen como 'mordida' (dinero obtenido con abuso) e 'incremento' respectivamente. Estos términos se refieren a un contexto de prestar con interés. Podemos notar que este principio es de difícil aplicación en una sociedad capitalista como la nuestra. Esto explicaría por qué muchos miran la ley como obsoleta. *Sin embargo, detrás de estas leyes de propiedad hay un elemento de justicia.* Eso nos lleva a una pregunta: si a Dios le pertenecen todas las cosas, ¿por qué deberíamos prestar con interés lo que a Dios le pertenece? Aquí debemos recordar el principio hermenéutico del anacronismo. Antes de la monarquía de Israel, solo los pobres pedían prestado. Recordemos que estamos leyendo un texto escrito en un contexto muy lejano de nuestra realidad capitalista moderna. *Así que cuando alguien en una situación de necesidad solicitaba un préstamo, el que prestaba no debía agobiar al necesitado con una 'mordida' de interés.*

Algo muy interesante, que alude a prácticas institucionales de descanso y de perdón de las deudas, es que nos presenta un principio que para nuestra sociedad moderna sería descabellado y ridículo: *Dios busca limitar la adquisición de posesiones materiales reduciendo los días de trabajo.* ¡Las Escrituras están llenas de sorpresas!

En cuanto al sábado, un día completo a la semana los israelitas no ejecutaban nada que fuera considerado trabajo. Recordemos que Dios les había liberado de la esclavitud, y no quería que, por amor a las posesiones, su pueblo se convirtiera en esclavo del trabajo. Por tanto, el autoesclavizarse del trabajo (*e. g.*, aunque este se llame ministerio) es considerado como idolatría. Dios les dio un día de 24 horas a la semana para que su pueblo descansara para poder adorarle, disfrutara de su trabajo, y recordara que las posesiones no dependen del trabajo sino de las bendiciones de Dios. El origen del sábado aparece en los diez mandamientos (Éxodo 20:8-11), y se toma como modelo a imitar que Dios mismo descansó de su trabajo.

Y eso no es todo: en cuanto al año sabático, tenemos que cada siete años no debería trabajarse la tierra, y el pueblo de Dios sin esforzarse podría simplemente comer de lo que la tierra produjera (Éxodo 23:10, 11; Levítico 25:1-7). En toda la nación todos los campos se abrían, y hasta los más pobres podían entrar en cualquier terreno y tomar lo necesario (Levítico 19:9, 10; 23:22). Dios quería recordarle a su pueblo quién es su proveedor, y quién les sustenta. (*ad* Levítico 25:21, 22).

El año sabático también era un tiempo para liberar esclavos. En aquellas épocas había toda una clasificación de esclavos. En Éxodo 21:1-22 y en Deuteronomio 15:12-18 encontramos que para el año sabático los esclavos israelitas, aquellos que para pagar una deuda se esclavizaban a sí mismos, deberían ser liberados. La esclavitud permanente no era tolerada por Dios. Así se cancelaba la deuda, y estos esclavos no podían enviarse con las manos vacías de vuelta a casa.

Hasta el momento tenemos que cada siete días se celebraba el sábado, cada siete años el sabático, y cada siete sabáticos era el tiempo del jubileo. Hay que reconocer que esta institucionalización del jubileo está rodeada de confusión. Levítico 25:8-55 claramente detalla en qué consiste esta práctica; sin embargo, no queda claro cuántas veces se observó (o si se realizó alguna vez). Rescatando el principio del jubileo, podríamos concluir que *todo el pueblo de Dios (incluso toda la creación) tenía la oportunidad de empezar de cero, sin deudas, y en libertad.* Sin *importar cuán irresponsables hayan sido los padres en sus finanzas, la pobreza no debería extenderse a los hijos.*

Partiendo de estos principios, veamos un ejemplo de progresión de pobreza. Pensemos en aquellos que caen poco a poco en la pobreza, algo interesante que podemos encontrar en Levítico 25. En los versos 25-34 podemos leer que aquellos que estaban endeudados podían vender parte o todas sus tierras. En los versos 35-38, que aquellos que se encontraban aún endeudados, y por haber vendido sus tierras, podían solicitar préstamos sin interés. En los versos 39 y 40, quienes aún se hallaban en deuda se venden a sí mismos como empleados, pero no como esclavos, a otros israelitas. En los versos 47-54, estos se pueden vender a familias no israelitas. Sin embargo, al llegar el año del jubileo, estos endeudados hasta el cuello y sus familias deberían ser libres de toda deuda, pues tenían la oportunidad de empezar nuevamente. Oportunidad de hasta recobrar nuevamente las tierras que habían vendido. Este es un ejemplo socioeconómico de perdón y restauración. ¿Cómo se da el perdón de las deudas entre los creyentes que tienen negocios?

CAPÍTULO 7

Propiedad ancestral: una manera de luchar contra la pobreza

En el caso de Israel, algo muy interesante toma lugar: no existe evidencia alguna en el Antiguo Testamento de que ningún israelita haya vendido su tierra a personas fuera de su tribu o nación. ¿Por qué? Dios les dio por heredad esa tierra, y el dueño último de ella es Dios. Las Escrituras nos brindan una estructura fascinante que va más allá del descanso personal, y afecta a la manera como entendemos la posesión y acumulación de bienes. *Recordemos que la acumulación de riquezas en pocas manos nunca estuvo en los planes de Dios.* Cada séptimo día (*i. e.*, *Sabbath*) es día de descanso, cada sétimo año era el año sabático, y cada siete ciclos de siete años era el año del jubileo.

Entre las culturas del antiguo Oriente Próximo algo semejante al jubileo que encontramos en las Escrituras tomaba lugar de manera no estructurada solamente bajo decretos reales. Es decir, esta manera estructurada del uso de la propiedad, y su relación con esta, es único en las Escrituras. En el código de santidad de Levítico 25 es donde aparece el tema del año sabático (vv. 1-7; 18-22) en relación con préstamos (vv. 35-38), y compra y posesión de propiedades. En el año sabático no se plantaba nada y se dejaba a la tierra descansar, y los habitantes podían comer lo que la tierra pudiera dar por sí misma. Los únicos no interesados en estos ciclos de descanso pudieron ser los ricos y poderosos interesados en sus intereses por acumular riqueza. Sin embargo, el principio teológico es claro: *¡Dios es el proveedor, no nosotros con nuestros propios esfuerzos!*

Ahora bien, si una persona caía en problemas económicos, su tierra podía ser vendida (*i. e.*, ser redimida para ser exacto) por una persona cercana a la familia, o alguien de la tribu. De no haber nadie cercano, en términos familiares, otro israelita podría comprarla sabiendo que sería redimida en el jubileo. Sin embargo, en el caso de una casa en la ciudad (*e. g.*, entre las murallas), solo podía ser redimida en el primer año de haber sido vendida. El poseer una casa en la ciudad (a diferencia de una casa en una villa) es presentada legalmente como un asunto de transacción. *La ley del jubileo tenía como intención proteger los intereses de la gente trabajadora para quienes su tierra era fuente de sustento primario.*

El tema del jubileo se encuentra en relación con los esclavos, y jornaleros (vv. 39-43, 47-55), y la tierra dedicada al Señor (Levítico 27:16-24). Algo muy interesante en estos pasajes es la estructura de tres niveles para descender en la pobreza. Primero: el agricultor en dificultades económicas se ve forzado a vender parte de su tierra (vv. 25-28). Segundo: las cosas se ponen peor y hay necesidad de conseguir un préstamo sin interés por parte de otros israelitas (vv. 35-38). Tercero: al no poder el agricultor pagar el préstamo, pierde su propiedad, y se convierte en jornalero sirviente, aun hasta con toda su familia. Tal persona, en el año del jubileo, recobrará su libertad, su deuda será cancelada, y recobrará su tierra. Es decir, durante el supersabático, después de siete ciclos de siete años, se da el año de libertad y restauración.

Por último, los grupos sociales más vulnerables (*i. e.*, aquellos sin propiedad, los pobres) no necesariamente tenían que esperar cada tanto tiempo para tener acceso a una producción compartida. En Levítico —capítulos 19:9, 10 y 23:22— explica que deben dejarse los bordes de la propiedad sin cosechar para que los más necesitados tuvieran acceso a ese producto (ver igualmente Deuteronomio 24:19-22). Aun más, las Escrituras motivaban a que niños entraran a los terrenos y tomaran sus frutos, pero sin llevarse el fruto consigo (Deuteronomio 23:24, 25). Esto se hace con el propósito de satisfacer el hambre. Estas leyes y prácticas no tenían paralelo alguno con las otras culturas del antiguo Oriente Próximo. Otra práctica era la del diezmo de cada tres años que debía orientarse hacia el extranjero, la viuda, el huérfano, y los levitas, personas que no poseían tierras para producir. Este tema del diezmo será desarrollado posteriormente en detalle. *El punto central de estas prácticas de producción compartida es que motivaban a una compasión de carácter teológico, pues el fruto de la tierra es un regalo divino de hospitalidad más que un asunto de derecho humano. Así como somos bendecidos estamos llamados a bendecir a otros.*

El año sabático tenía como propósito apuntar a la realidad de que es Dios quien provee, Él es el dueño de toda la creación y sus riquezas (Levítico 26:3-13; Deuteronomio 28:1-14). Durante la monarquía esta ley parece no cumplirse, ni mucho menos el jubileo. La clave del jubileo es que cada uno tuviera la oportunidad de recobrar su libertad y su propiedad perdida, ley sin precedente entre las culturas de la época. *El problema de la pobreza no debería ser un problema estructural que afectara a una generación tras otra.* Los israelitas tenían prohibido oprimir a los más vulnerables de la sociedad. Al vivir en una sociedad capitalista, me pregunto: ¿cómo debería el Cuerpo de Cristo comportarse para no oprimir, o no dejarnos oprimir, ni permitir a otros oprimir a los más vulnerables en nuestra sociedad?

CAPÍTULO 8

Grupos sociales vulnerables

En el antiguo Oriente Próximo (*i. e.*, esas culturas que rodeaban a Israel) había varias maneras para que una persona llegara a ser esclavo, las cuales parece que no han variado en siglos, y son las siguientes: prisioneros de guerra, esclavos extranjeros con que traficaban los comerciantes, niños vendidos o abandonados por sus padres, personas que en su desesperación económica se venden a sí mismos. Una vez una persona caía en la esclavitud se convertía en propiedad de un amo. Vale la pena aclarar que este tema de la esclavitud es muy complejo, no solo por asuntos exegéticos, sino también hermenéuticos. Por tanto, vamos a verlo de manera rápida sin penetrar en detalles, pues el propósito de esta sección es entender el uso y abuso de propiedad.

Las leyes deuteronómicas en el libro del pacto, sin embargo, *explican que nadie tiene el derecho de privar de la libertad a otra persona para hacerlo esclavo o contra su propia voluntad,* pues la persona que cometa este delito pagará con su vida (Éxodo 21:6; Deuteronomio 24:7). Hay que considerar que esta ley está escrita para aquellos que estaban bajo el pacto. Pues, el código de santidad, aclara que había dos categorías de esclavos: residentes de otros países, e inmigrantes temporales (Levítico 25:44-46). La ley permitía comprar esclavos que ya eran esclavos. Al comprarlos pasaban a ser propiedad. Por ejemplo, un amo podía golpear al esclavo sin matarle, pues pena de muerte podría caer sobre el amo. En caso de un esclavo fugitivo, este tenía el derecho de ser protegido (Deuteronomio 23:15, 16). No caigamos en el error del anacronismo, pues cabe recalcar que esto no justifica la esclavitud de nuestra época. El principio bíblico general bien lo subraya: *nadie tiene el derecho de privar de la libertad a otra persona.*

Otro tipo de esclavitud era aquella en que algún israelita tenía que venderse temporalmente a sí mismo como esclavo para pagar una deuda (Levítico 25:39-43; 47-52; 53-55). El estatus de un esclavo por deuda (como medio esclavo), y un esclavo corriente era grande en cuanto a derechos legales. Éxodo 21:2-6 especifica que esta persona serviría como esclavo solo por siete años (Deuteronomio 15:12), y debería ser bendecido, no pagado, al enviarlo libre de vuelta a casa (Deuteronomio 15:13-15). La persona tenia la opción de permanecer esclavo a voluntad, por medio de una ceremonia en el templo (Deuteronomio 15:16, 17).

Un tipo de medio esclavo eran las concubinas (Éxodo 21:7-14). Las concubinas tenían un estatus más bajo que las esposas libres, que lo tenían más alto que las esclavas, pues, al ser tomadas como esposas, gozaban de derechos. Cabe considerar que la monogamia era el ideal de matrimonio en el antiguo Israel (Génesis 1:24; Éxodo 20:17; Deuteronomio 24:5; Salmo 128; Proverbios 5:15-19; 12:4; 18:22; Eclesiastés 9:9; Malaquías 2:14). Sin embargo, poligamia y concubinato no eran ilegales, y eran muy comunes durante el periodo patriarcal, y durante la monarquía (Génesis 22:20-24; 25:6; 29:21-30; 36:2, 3, 12; 1 Crónicas 7:14).

Es un error pensar que el Antiguo Testamento buscaba eliminar la esclavitud. Aunque sí es correcto concluir que *la ley buscaba un trato más humano para los esclavos*, cuando la comparamos con los estándares de las culturas del antiguo Oriente Próximo. La esclavitud entre los israelitas era ilegal, no así con personas de otras culturas. El Antiguo Testamento enfatiza en sus leyes, en cuanto a la esclavitud, que los esclavos deben ser tratados como personas, no como propiedad, aunque con derechos inferiores a los ciudadanos libres. Si un amo mataba o causaba daño permanente a un esclavo, el amo sufriría lo mismo como pago de su abuso (Éxodo 21:20, 21).

Entre las culturas del antiguo Oriente Próximo existía muy poco interés por los inmigrantes o extranjeros. En Israel las cosas eran diferentes. Primero: la historia étnica de los israelitas nos cuenta que fueron extranjeros en otras naciones, y hasta en Canaán. Segundo: de los residentes extranjeros en Israel se esperaba que participaran en ceremonias religiosas y festivales como personas libres (no esclavos), como los israelitas, si eran circuncidados. Tercero: 'residentes extranjeros' era un término diferente de 'residentes temporales'. Estos últimos tenían mayores restricciones. Por tanto, Israel debía recordar que no debían oprimir a los extranjeros, pues ellos fueron también extranjeros en Egipto (Éxodo 22:21; 23:9). *Se esperaba, por tanto, tratar al extranjero residente como un ciudadano con igualdad legal* (Levítico 18:26; 20:2; 22:18; 24:22) *y no deberían ser oprimidos, o tomar ventaja de su desigualdad* (Levítico 19:33, 34).

En cuanto a viudas y huérfanos debemos ubicarlos en el contexto de una sociedad patriarcal, pues al perder la familia al padre proveedor, esta se encontraría en una situación de vulnerabilidad. Ambos, las viudas y los huérfanos, aparecen juntos frecuentemente en el Antiguo Testamento (Job 22:9, Isaías 1:17, 23; Lamentaciones 5:3). En el antiguo Oriente Próximo, los reyes mostraban su bondad protegiendo a viudas y huérfanos, en términos de justicia no de caridad. *En el libro del pacto, el énfasis es el mismo donde Dios como rey, toma muy seriamente el abuso contra la viuda y el huérfano de manera vengativa* (Éxodo 22:22-24). En las leyes deuteronómicas el énfasis está basado en el carácter de justicia de Dios (Deuteronomio 10:17, 18; 24:17, 18; 27:19). No es extraño encontrar una réplica en Santiago 1:27 como referencia a la verdadera práctica de la religión que nos invita a proteger a la viuda y el huérfano.

Los grupos vulnerables son una preocupación central en la ley, pues son personas de las que se puede abusar con facilidad. En cuanto a los extranjeros, Dios le recuerda a la gente de su pacto, que fue por medio de su gracia que hoy tienen una tierra y una nación. Por tanto, Israel estaba llamada a mostrar compasión hacia los extranjeros. Los extranjeros, tanto temporales como residentes, podían disfrutar de algunos o muchos beneficios del diezmo, el jubileo, y otros festivales. El caso de la pérdida del padre de familia, en una sociedad androcéntrica, significaba la pérdida del protector y proveedor. *Dios, como proveedor y protector por excelencia, le recuerda a Israel que tomaría venganza en caso de que su pueblo no imitara sus acciones de justicia.* Por tanto, era necesario tener una estructura legal y social para proveer protección a un sector vulnerable que no siempre fue pobre. La explotación de la viuda y el huérfano por parte de los poderosos fue una realidad que sucedió en Israel, y los profetas apuntaron a esa violación (Jeremías 7:6; 22:3; Ezequiel 22:7; Zacarías 7:10). ¿Qué estructura social podría el Cuerpo de Cristo crear y luego presionarla para hacer cumplir la ley en cada una de nuestras naciones y proteger así de cualquier explotación a mujeres, niños y niñas, y a los inmigrantes? ¿Qué podríamos hacer los creyentes para denunciar todo abuso y proveer de protección a esos grupos más vulnerables de nuestra sociedad?

CAPÍTULO 9

Concluyendo este segmento

El Pentateuco o libros de la Ley muestra que Dios se preocupa por los más necesitados, para que no sean oprimidos. Por ejemplo, Levítico 19:9, 10 y Deuteronomio 24:19-22 prescriben que durante la cosecha no se recojan los frutos que caen al suelo (las sobras) pues deben dejarse para los más pobres. También Dios protege al productor de aquellos pobres que quieran abusar mucho y muy rápido (Deuteronomio 23:24, 25).

Otro caso son los extranjeros. Por supuesto, se refiere a aquellos pobres que llegan a una nueva tierra a empezar de cero pues no disponen de heredad, no conocen bien el idioma y las costumbres, y llegan a hacer el trabajo sucio que en algunas ocasiones los locales no desean hacer. La razón de proteger al inmigrante es porque pueden ser fáciles de explotar. Dios, sin embargo, le recuerda a su pueblo que en un tiempo fueron extranjeros y explotados (Éxodo 22:21; 23:9; Levítico 19:33, 34). Sí, hay que reconocer que existía una escala de ofrendas y sacrificios para no dañar a los más pobres. Por ejemplo, para aquellos que no podían ofrecer una bestia, podían reemplazarla por unas palomillas. En ningún momento vemos a un Dios que tenga preferencia por los pobres. Dios protege al pobre, pero no puede mostrar preferencias, como si el pecado no afectara al pobre también. En Deuteronomio 10:17, 18; 24:17-22; y Números 15:15 notamos que Dios no muestra parcialidad con su ley, pero sí protege a los pobres.

El derecho a poseer propiedades es un derecho divino dado por Dios, que implica responsabilidades. La tierra pertenece a Dios, no se puede vender ni comprar, y en caso de necesidad se podía rentar no más allá del año del jubileo. Las leyes bíblicas motivan a los dueños de propiedades a ser generosos, compartiendo su producción en múltiples formas. Junto a estas prácticas se da la importancia de cuidar de los más vulnerables, hablando en términos socioeconómicos, que se demuestra con los préstamos sin interés, las normas contra la corrupción de los jueces, los diezmos, y el acceso a los frutos en las tierras de otros.

Un importante principio en la ley del Antiguo Testamento es que la vida humana es más importante que la propiedad privada, pues Dios es, en última instancia, el dueño de toda propiedad, y las prácticas sociales deben reflejar ese aspecto. Esto se manifiesta en la pena por infringir los derechos de propiedad, que en la Biblia es más humana en comparación con las otras culturas del antiguo Oriente Próximo (*i. e.*, aquellos vecinos de Israel). Otro aspecto interesante es el de prestar sin cargo alguno dinero y animales de trabajo a los vecinos más necesitados. También se refleja en el derecho ancestral sobre la tierra, según las practicas sabatinas, las de cada semana, cada siete años o cada 49 años. Por ejemplo, el descanso de la creación que confía en la provisión divina sin producción humana, la devolución de la tierra a sus propietarios originales, el perdón de las deudas, y el dar libertad a los cautivos de trabajo esclavo son practicas muy originales del Antiguo Testamento.

En la ley hemos visto cómo Dios protege al pobre de no ser explotado, y también protege al rico para que no se enriquezca demasiado y termine orientando su corazón hacia un norte equivocado. Sin embargo, en nuestras sociedades capitalistas esos límites no existen. ¿Qué debe hacer el Cuerpo de Cristo ante tal situación?

CAPÍTULO 10
En la Tierra Prometida

En este capítulo se incluye a los personajes históricos como Josué, los jueces, y los reyes. Ya dejamos atrás el Pentateuco para entrar en los libros históricos. En estos libros encontraremos que constantemente se refieren al Pentateuco y en este a la ley del pacto. Por ejemplo, siguiendo el tema de nuestro libro, podemos encontrar que la obediencia a la ley de Dios *podría traer* de manera colectiva prosperidad material al pueblo (Levítico 26:3-5, 9, 10; Deuteronomio 11:26-32; 28:1-14; 30:11-20; Josué 8:30-35). *Y permítanme recalcar ese 'podría traer'. Prosperidad, o acumulación de posesiones materiales, puede ser una señal de una bendición de Dios, pero también puede que no lo sea.*

Dándole una mirada cercana al pacto entre Dios e Israel no podemos generalizar y decir que Dios debe, o debía, bendecir materialmente como premio la fidelidad de Israel.[7] En caso

---
[7] Witherington, 2010, 24.

de que se diera alguna bendición material por parte de Dios, esta siempre sucedía como resultado de la obediencia a la ley de Dios. No podemos, sin embargo, reducir el pacto a bendiciones materiales, pues como veremos pronto la prosperidad puede ser asociada algunas veces con idolatría e infidelidad (Ezequiel 7:19, 20; Deuteronomio 32:15). En ningún lugar en las Escrituras encontramos promesas de prosperidad para cualquiera en cualquier situación, aunque se le pidan a Dios fielmente, y la persona sea justa. Es cierto que algunos personajes prosperaron, pero no todos. Por tanto, sería irresponsable aplicar textos bíblicos específicos, para generalizarlos, como doctrina para cualquier persona en nuestras iglesias. Permítanme ilustrar este punto.

Durante la monarquía en Israel se construye el templo. Las donaciones de riquezas que se utilizaron en el templo llegaron del tabernáculo, las que últimamente llegaban de Egipto. Estas ofrendas fueron voluntarias, no hubo promesa alguna de retribución por parte de Dios (Éxodo 25:2; 35:5; 1 Crónicas 29:6, 14). Y el pueblo llevó tanto que fue más allá de lo necesario (Éxodo 36:5).

Otro caso lo encontramos en 1 Crónicas 4:9, 10, donde nos menciona de un tal Jabez, nombre que significa 'parido con dolor'. Es honorable, y ora a Dios para que le bendiga, le expanda su territorio, le proteja, para que sea libre de dolor. Dios le concede su petición. Lo interesante es que la historia está en un contexto de dolor, pues el personaje fue «parido con dolor,» y su fundamental petición es librarse de dolor (lo que implica que experimentaba dolor en el momento de la oración). Pareciera ser la oración de un hombre indigente. Sin embargo, nada sugiere que Jabez se convirtió en un hombre rico, pues no solicita riquezas, sino que Dios le libre del dolor que experimentaba. Posiblemente pedía un terreno y protección para vivir y cuidar de su familia (si tenía alguna). Los juegos de palabras era una práctica común en los escritos de tiempos antiguos, y este caso lo demuestra bien. *Jabez* es como se pronuncia la palabra dolor en hebreo.

> *Y Jabez fue más ilustre que sus hermanos, y su madre lo llamó Jabez, diciendo: «Porque lo di a luz con dolor». Jabez invocó al Dios de Israel, diciendo: «¡Oh, si en verdad me bendijeras, ensancharas mi territorio, y tu mano estuviera conmigo y me guardaras del mal para que no me causara dolor!». Y Dios le concedió lo que pidió. (1 Crónicas 4:9, 10, LBA.)*

Lo que estos dos pequeños versos indican es que Dios contesta las oraciones del justo, las oraciones de aquellos en necesidad. En nada aquí se sugiere una oración mágica donde Dios se ve obligado a responder; ni tampoco sugiere que Dios intenta hacer al rico más rico, simplemente porque piden, y confían que Dios debe brindar bendiciones materiales.

Veamos el caso famoso del rey Salomón, en 2 Crónicas 1, donde este escoge la sabiduría en vez de prosperidad económica (*i. e.*, riquezas), y su fidelidad le trajo riquezas que no supo controlar. Sus riquezas le llevaron a entrar en contacto con otras naciones, y tomó concubinas y esposas de esas naciones, que últimamente le llevaron a caer en idolatría ya a avanzada edad (1 Reyes 11). Igualmente, encontramos con los subsiguientes reyes dónde las riquezas materiales les corrompen (1 Reyes 12:25-33), aun a aquellos que comenzaron siendo fieles a Dios (2 Crónicas 17, 18; 20:35-37). *Extremos de pobreza y de riqueza aparecen como indeseables en las Escrituras.*

Las riquezas tienen la capacidad de tentar nuestra naturaleza pecaminosa, y así apartar nuestro corazón de Dios, y esto no exime a los siervos y siervas de Dios. Si es Dios quien nos hace prosperar, ¿por qué pueden las riquezas ser algo malo en sí mismas? ¿Puede acaso el rico malvado prosperar? ¿Qué hay de la fórmula deuteronomista donde Dios promete prosperidad colectiva (que no se aplica a individuos) si el pueblo obedecía su pacto?

PARTE II
En cuanto a las riquezas en las Escrituras
Los libros de sabiduría y los proféticos

Aquí entramos en la segunda mitad de los libros del Antiguo Testamento. Recordemos, el propósito de este libro es perseguir los temas relacionados con la posesión de bienes materiales como la riqueza, y la mala distribución de esos bienes, que genera la pobreza. ¡En esto se basa la mayordomía cristiana! Varias cosas debemos considerar para entender esta última parte. Primero: aquí no se da un desarrollo cronológico de los libros. Los escritos son una colección escrita a lo largo de varios siglos, algunos transcurridos durante la monarquía y otros después del exilio. Segundo: aquí encontraremos los libros de sabiduría, que son escritos que requieren una interpretación diferente, algo que veremos en detalle más adelante. Por último, veremos los libros proféticos Dos fuentes son necesarias para entender los escritos proféticos: a) sin un conocimiento de la ley del pacto no podríamos entender a qué se refieren los profetas; y b) necesitamos un conocimiento de las circunstancias históricas en las que los profetas predican. Sin ambas fuentes podríamos caer en malas interpretaciones en cuanto al tema que nos compete.

CAPÍTULO 11

Los libros de sabiduría

Los libros de sabiduría incluyen Job, los Salmos, Proverbios, Eclesiastés, y Cantar de los Cantares. Para nuestros propósitos, *estos libros son interesantes pues nos ofrecen un panorama de la prosperidad desde el punto de vista de los ricos, poderosos, y famosos.* Aunque sí hay que considerar que la poesía de estos escritos, en aquel entonces, trascendía las barreras socioeconómicas y culturales, pues se consideraban de carácter popular.

Los orígenes de Job no son muy claros. Nadie nunca ha escuchado de la tierra de Uz, por ejemplo. Algunos opinan que la historia de Job podría ser tan antigua como para ser considerada contemporánea de los patriarcas, posiblemente escrita durante tiempos de Isaac y Jacob,[8] mientras tradicionalmente los otros libros se les atribuyen a David y Salomón, a quienes se les considera en parte como sus autores, o como sus editores. Vamos a empezar con Job, luego continuaremos con los

---

[8] Blomberg, 2002, 80.

Salmos, Proverbios, y Eclesiastés. En los Proverbios sí vamos a detenernos un poco más, mientras que en los otros libros nuestra visita será más breve.

En Job tenemos una persona que acumuló gran cantidad de riquezas, y era considerado temeroso de Dios (1:1). El libro nos describe cómo Dios le permite a Satanás probar la fidelidad de Job hacia Dios, dañando su prosperidad, y luego su salud. Satanás esperaba que Job maldijera y rechazara a Dios; hay momentos en que Job se acerca a cometer tal cosa, pero no lo hace. Lo interesante de la historia en este libro es que presenta una teología en contraste con los ciclos de bendición basados en obediencia y desobediencia que encontramos en Deuteronomio.[9] Por esta razón se considera que el libro de Job pudo escribirse antes del pacto en Sinaí (antes de la ley). Dentro de este marco es donde debemos interpretar a Job, pues ninguna interpretación de esta historia debería contradecir el pacto.

Un par de principios podemos rescatar de la historia de Job. *En primer lugar, es cierto que dentro del marco del pacto podemos concluir que la fidelidad a Dios trae paz y prosperidad* (shalom), *y que la falta de fidelidad trae la ruina y el exilio.* Este es un principio deuteronomista (*i. e.*, del Deuteronomio) que fácilmente se ha malinterpretado dentro de la teología de la prosperidad. Por tanto, debemos ser cuidadosos de no generalizar esta interpretación como algún tipo de ley universal de la prosperidad (Job 21:7-21; 24:1-12), lo cual es falso.[10] Y esta es la ventaja del escrito de Job para equilibrar las cosas. *El primer principio es que fuerzas divinas y demoniacas funcionan en medio de las estructuras sociales, que pueden hacer que personas fieles a Dios no prosperen en lo material.* Debemos ser cuidadosos al enseñar o predicar en cuan-

---

[9] Blomberg, 2002, 81.
[10] Blomberg, 2002, 81.

to a la prosperidad como bendición divina absoluta, pues no podemos tipificar de modo tan simple la gran variedad de experiencias humanas en contextos de países pobres como los nuestros en América Latina.

El segundo principio que podemos rescatar de Job es que, a pesar de que Job era extremadamente rico, tenía una preocupación ejemplar por los pobres que formaba parte de su espiritualidad (31:24-28). Job rescató al pobre, al abandonado, a la viuda, al paralítico, al necesitado, y al inmigrante (29:12-16). El verso 17 del capítulo 29 nos describe que Job no era simplemente de dar limosnas, o regalar juguetes a niños pobres una vez al año, sino que tomaba de modo personal el proteger a los pobres de los malvados.[11] Al final de la historia, Dios le restaura a Job aún más su prosperidad. Si Job fue fiel con Dios y con el necesitado en mucho, lo será en lo muchísimo. «El modelo que vimos con los patriarcas se repite nuevamente. El pueblo de Dios puede en ocasiones ser extremadamente próspero, y el principal propósito de Dios al prosperarlos es que ellos puedan compartirla con aquellos en necesidad».[12] Permítanme recalcar 'compartirla'. *Esto no significa simplemente dar limosnas, o donaciones navideñas, y ayudar al necesitado con lo que nos sobra cuando nos piden, sino activa, alegre, y generosamente compartir todo lo que tenemos (no lo que nos sobra) con los necesitados.*

El Cantar de los Cantares nos narra las poesías de un rey rico y poderoso y su amante. En cinco ocasiones se nos describe que tal hombre es el rey Salomón (3:6-11; 1:1; y 8:12). Lo interesante de este libro es que describe la belleza de las posesiones materiales y apela al lector a disfrutar de ellas. Brevemente de este libro podemos concluir que el escrito no busca enseñar de una manera prescriptiva sobre lo bue-

---

[11] Blomberg, 2002, 81.
[12] Blomberg, 2002, 81.

no o malo del uso de los bienes materiales, sino celebrar el amor que yace detrás de los lujos.[13] Así, *como principio podemos deducir que no hay nada implícitamente malo en disfrutar de los bienes materiales. El problema está cuando convertimos ese disfrute de los bienes materiales en nuestra devoción, lo que lleva a la idolatría.*

En los libros de sabiduría, encontramos que lo que se entiende por sabiduría son dos cosas: la sabiduría que viene de Dios, y la sabiduría humana que acumulamos observando nuestras relaciones sociales (la sabiduría de nuestros abuelos o ancestros) y estudiando el orden de la naturaleza. Aquí podríamos decir que hablamos de una sabiduría que viene de una revelación divina, y de otra que viene de una revelación natural. Ambas sabidurías podían unirse con una tercera fuente, que era un encuentro con Dios, y así Dios le brindaba al sabio tal sabiduría (Proverbios 1:7; 8; Job 40-41).

Dos temas en estos tres libros se encuentran en tensión el uno con el otro. Por un lado, tenemos *un mensaje de prosperidad* del principio deuteronomista, que nos dice que el trabajo y la fidelidad nos trae las bendiciones del pacto, que incluyen bienestar material (Salmos 112; 128; Proverbios 12:11; 13:21; 21:5). Por otro lado, continuamos con el tema de Job, donde estos escritores de sabiduría reconocen que mucho de la pobreza y sufrimiento en este mundo nunca será sustentado, mientras que el malvado rico prospera (Salmos 37:16, 17; Proverbios 15:16, 17; 16:8).[14] Esta es una tensión teológica muy rica en los libros de sabiduría, aunque desesperante para aquellos que gustan de conclusiones absolutas.

En nuestra búsqueda del tema de la prosperidad en las Escrituras, vamos a visitar estos libros de sabiduría de forma progresiva en cuanto a sus aportaciones. En primer lugar, bre-

---

[13] Blomberg, 2002, 83.
[14] Blomberg, 2002, 84.

vemente visitaremos el libro de los Salmos; luego, con un poco más de detalle miraremos a Eclesiastés; y con más atención nos detendremos en los Proverbios.

A los pobres en el libro de los Salmos se les menciona treinta y tres veces, y se les describe como personas de baja posición social, débiles y socialmente oprimidos.[15] En otras palabras, a los pobres se les ve en los Salmos como personas oprimidas y explotadas por otros. *En este contexto es como Dios aparece para mostrarles compasión* (Salmos 9:18; 68:5, 6; 82:3, 4; 113:7-9), *y las personas justas aparecen como aquellos que les prestan dinero sin cobrar interés* (Salmo 15:5). Aun más, los Salmos 9 y 10 ilustran que aunque Dios se preocupa por todos los pobres, Dios solamente exalta a aquellos pobres que confían en Él. Esto, principalmente en el contexto del rey David que en ocasiones se consideró a sí mismo pobre por encontrarse en situaciones físicas y espirituales de riesgo (Salmo 34:6).

Un salmo ha sido muy mal interpretado por los predicadores de la teología de la prosperidad. Este es el Salmo 37:4. Lo interesante es que en el contexto de todo el capítulo «los deseos de nuestro corazón» no están relacionados con las riquezas. «Lo que el Salmo como un todo promete no son riquezas de este mundo. Más bien, nos dice que Dios ayudará a que su pueblo viva en seguridad en su tierra, Dios hará que la rectitud de su pueblo (no de sus joyas) brillen como el sol, y que Dios, por tanto, les hará justicia. Este mismo salmo añade "mejor lo poco con justicia que prosperidad acumulada entre mucha maldad"».[16] En otras palabras, prosperidad puede venir del favor de Dios, como también puede venir de ganancia mal habida, y opresión al débil.

Eclesiastés es un libro escrito desde la perspectiva de los ricos y poderosos en tiempos de crisis. «Eclesiastés parece haber

---

[15] Blomberg, 2002, 84.
[16] Witherington, 2010, 25.

sido escrito en un tiempo cuando el dinero se convertía más en un elemento significativo en una situación económica. Muchos doctos han sugerido, por esa razón, que este libro es uno de los más tardíos cronológicamente en el canon del Antiguo Testamento».[17]

Eclesiastés, a diferencia de los Proverbios, nos presenta sabiduría para una sociedad en crisis.[18] Y esto nos demuestra que, en tiempos de crisis y corrupción en cada tejido de nuestra sociedad, los Proverbios parecen no tener aplicación alguna; pero Eclesiastés nos sale al rescate con otro tipo de sabiduría. Veamos un par de ejemplos. Primero: en el capítulo 10 se nos describe a los gobernantes que espían y roban al pueblo, y el pueblo no tiene confianza en sus gobernantes, y la opresión social es muy profunda en las estructuras sociales.[19] Segundo: en el capítulo 5:10-20 el autor nos describe que las riquezas generan inquietud, y no traen satisfacción alguna, ni paz mental para aquellos que la acumulan. Tercero: en el mismo capítulo 5:19-20 encontramos que no hay ninguna correlación entre el trabajo duro y la prosperidad. «La riqueza es más bien un regalo de Dios, como también la habilidad para disfrutarla, pero Dios puede considerar no dar ni una ni la otra para aquellos que le son fieles».[20]

A diferencia de los Proverbios, como pronto veremos, se asume que las riquezas no necesariamente son una bendición de Dios, sino de ganancias mal habidas. (*ad* 5:8-14) En los capítulos 8 y 9 el autor considera que no hay correlación alguna entre rectitud, longevidad, y prosperidad.[21] En otras palabras, la prosperidad financiera no siempre es buena. *Sería falso concluir, por tanto, que la pobreza es una maldición de Dios, y que las*

---

[17] Witherington, 2010, 38.
[18] Witherington, 2010, 38.
[19] Witherington, 2010, 39.
[20] Witherington, 2010, 41, mi traducción.
[21] Witherington, 2010, 41.

riquezas son una bendición de Dios. Generalizar estos principios de la teología de la prosperidad, desde una perspectiva de Eclesiastés, son una conclusión totalmente errónea.

En el capítulo 7 (versos 11 y 12), el autor nos describe su perspectiva de la vida ideal que incluye tanto la sabiduría de Dios, como las riquezas. Sin embargo, a través del libro el autor nos aclara la importancia de mantener ese orden. Por ejemplo, el famoso capítulo 5 (5:8-17; 6:1-12) desarrolla el tema de la vanidad de las riquezas. A pesar de poseer muchos bienes uno puede experimentar desesperanza al carecer de una perspectiva de la vida eterna. Este libro desarrolla un principio similar encontrado en el Cantar de los Cantares: *hay que disfrutar apropiadamente de los regalos de Dios, siempre y cuando recordemos que estos deben estar dedicados al servicio de Dios, y no a nuestro servicio egoísta o narcisista* (5:18-20; 2:24-26; 3:12, 13, 22; 8:15; 9:7-10; 11:9; 12:1). El libro cierra con un llamado a temer a Dios y guardar sus mandamientos como la suma total de todo lo que importa (12:13).

Vamos a visitar los Proverbios un poco más que en los anteriores libros de sabiduría. La razón es que «quizás, no hay sección del Antiguo Testamento que haya sido tan mal utilizada en discusiones contemporáneas sobre prosperidad y riquezas que el libro de Proverbios».[22] ¿Por qué? A grandes rasgos los Proverbios requieren de una interpretación muy particular: Primero: porque los Proverbios se deben interpretar según su género literario (de eso hablaremos pronto). Segundo: los Proverbios hay que interpretarlos dentro del marco de la teología de las posesiones del Antiguo Testamento; es decir, no se pueden interpretar por sí solos. Y tercero: cuando algún predicador quiere explotar, abusar, y hacer dinero fácilmente, este utiliza cualquier pretexto para mal guiar a un pueblo analfabeto en su pobre conocimiento de las Escrituras.

---

[22] Witherington, 2010, 28.

En nuestro caso la sabiduría de los Proverbios viene de un rey en una sociedad que relativamente funcionaba bien en lo económico y político, y esta sociedad honraba a Dios.[23] *Por tanto, debemos asumir este contexto sociocultural para interpretar los Proverbios.* Los Proverbios no podemos interpretarlos literalmente. Para entender esta literatura de sabiduría se requiere entender el contexto social en que esta se produjo. El propósito del escritor de sabiduría es provocar en sus oyentes el repensar lo que estos creen, el ver las cosas desde una perspectiva crítica. *Es decir, en una sociedad de pobreza, e injusticia como la latinoamericana, debemos tener mucho cuidado pues podríamos malinterpretar los Proverbios, o bien no encontrar sentido en ellos.*

Las cortes antiguas contrataban en su personal a personas sabias como consejeros políticos del rey (2 Samuel 16:23, 1 Reyes 4:1-19). Las letras y los números eran un privilegio de los ricos y poderosos. Aquellos que disponían del tiempo, energía, y recursos para buscar sabiduría oral y coleccionarla por escrito, pertenecían en gran parte a una elite muy bien educada.[24] Es un hecho que tenemos algunos proverbios del sabio egipcio Amenemope en los Proverbios (22:17; 23:11; menos 19:23, 26, 27).[25] Esto nos ilustra que sabios y escribas coleccionaban sabiduría de otras culturas, y alguna de ella se encuentra en nuestras Escrituras. En los Proverbios encontramos metáforas, símiles (exageraciones), lenguaje figurativo, lenguaje indirecto, imágenes, personificaciones, acertijos, entre otros recursos retóricos, que nos revelan una verdad profunda o secreta de la vida.

Los Proverbios, como los aforismos, se basan siempre en situaciones específicas.[26] Nos describen lo que sucede en situaciones particulares, cuando la persona está en una buena o

---

[23] Witherington, 2010, 30.
[24] Witherington, 2010, 32.
[25] Witherington, 2010, 31.
[26] Witherington, 2010, 30.

mala relación con Dios.[27] Veamos un par de Proverbios como ilustración:

La bendición del Señor es la que enriquece, y Él no añade tristeza con ella. (Proverbios 10:22, LBA.)

Ahora veamos el siguiente texto:

El que confía en sus riquezas, caerá, pero los justos prosperarán como la hoja verde. (Proverbios 11:28, LBA.)

¿Cómo hacemos para darle sentido a ambos pasajes? Alguien podría concluir, lo siguiente: Dios trae prosperidad, en el primer texto, y el segundo nos contrasta al rico y al justo. ¿Será acaso que la prosperidad de Dios no es para enriquecernos sino para simplemente satisfacer nuestras necesidades? Esa es una buena forma de darle sentido a estos dos versos, pero no podemos hacer teología de las posesiones sin considerar todas las enseñanzas del Antiguo Testamento, y el tipo de literatura de sabiduría.

En los Proverbios la riqueza es una señal, tanto de maldad, como de rectitud.[28] *Es decir, en los Proverbios alguien puede enriquecerse por medio de la corrupción, o por medio de la bendición divina.* En otras palabras, nadie puede de manera absoluta medir su espiritualidad o salvación según la cantidad de sus posesiones. «Una gran porción del libro de los Proverbios se trata del conocimiento de cómo leer el carácter moral de nuestra sociedad, y luego vivir de acuerdo a esas estructuras morales, para que uno no simplemente sobreviva sino más bien viva correctamente».[29]

Primero: «*Proverbios tiene mucho que decir con relación a como adquirir posesiones y como no perderlas. La rectitud y la*

---

[27] Witherington, 2010, 30.
[28] Witherington, 2010, 30.
[29] Witherington, 2010, 31.

humildad son prerrequisitos indispensable en este asunto (10:3; 22:4)».[30]

> *El hombre bueno deja herencia a los hijos de sus hijos, pero la riqueza del pecador está reservada para el justo... El justo come hasta saciar su alma, pero el vientre de los impíos sufre escasez. (Proverbios 13:22, 25, LBA.)*

Segundo: *uno adquiere posesiones con diligencia, vigilancia (21:5; 27:23, 24) y trabajo duro (12:11; 14:23).*[31] El trabajo duro tiene su recompensa, si a este se le añade el buen juicio moral. El famoso proverbio 6:10, 11 nos ilustra este segundo punto.

> *Un poco de dormir, un poco de dormitar, un poco de cruzar las manos para descansar, y vendrá como vagabundo tu pobreza, y tu necesidad como un hombre armado. (Proverbios 6:10-11, LBA.)*

Tercero: *en medio de estos contrastes, también tenemos al rico que da generosamente a Dios y al necesitado.* Veamos estos pasajes de Proverbios:

> *3:9 Honra al SEÑOR con tus bienes y con las primicias de todos tus frutos; 10 entonces tus graneros se llenarán con abundancia y tus lagares rebosarán de mosto... 27 No niegues el bien a quien se le debe, cuando esté en tu mano el hacerlo. 28 No digas a tu prójimo: Ve y vuelve, y mañana te lo daré, cuando lo tienes contigo. 29:27 Abominación para los justos es el inicuo, y abominación para el impío el recto en su camino. 21:13 El que cierra su oído al clamor del pobre, también él clamará y no recibirá respuesta. (Proverbios 3:9, 10; 3:27, 28; 29:27; 21:13, LBA.)*

---

[30] Blomberg, 2002, 88.
[31] Blomberg, 2002, 88.

Aquí encontramos pues pasajes que pueden o no considerarse como promesas materiales por dar generosamente al necesitado (22:9 y 28:27). Otros pasajes nos exhortan a no afligir al pobre, porque Dios lo toma personalmente (22:22, 23; 13:11).

Cuarto: también encontramos otros proverbios que nos dicen «mejor un 'poco con', que 'riquezas con'», en el siguiente pasaje:

> *Todos los días del afligido son malos, pero el de corazón alegre tiene un banquete continuo. Mejor es lo poco con el temor del Señor, que gran tesoro y turbación con él. Mejor es un plato de legumbres donde hay amor, que buey engordado y odio con él. (Proverbios 15:16, 17, LBA.)*

La idea aquí subraya que es mejor pobreza con rectitud que riquezas con injusticia. Otro pasaje es el siguiente:

> *… no me des pobreza ni riqueza; dame a comer mi porción de pan, no sea que me sacie y te niegue, y diga: ¿Quién es el Señor?, o que sea menesteroso y robe, y profane el nombre de mi Dios. (Proverbios 30:8b, 9.)*

Esto nos enseña a no pedir para vivir con mucho, ni no pedir para vivir con poco. Me pregunto: ¿en su iglesia local, cómo le han enseñado a pedirle a Dios?

CAPÍTULO 12

Concluyendo este segmento

Entre los principios a rescatar de esta sección, veamos el primero: aquellos que ponen su confianza en Dios, no en aquellas cosas materiales que Dios les haya provisto, es lo que marca la diferencia entre idolatría (*e. g.*, amar las riquezas) y una verdadera confianza en Dios (Salmos 52:7; Proverbios 3:9, 10). El segundo principio es que aquellos que viven en la abundancia deben contribuir generosamente, involucrarse en práctica de justicia, y defender a aquellos que se encuentran en necesidad que pueden estar explotados. El tercero, rescatado de nuestra visita a los Proverbios, si estos fueron escritos en un contexto de una sociedad estable (en lo político, económico, y espiritual) y rica de hace miles de años, y si vivimos en una sociedad inestable y pobre no podemos interpretar los proverbios literalmente. En cuarto lugar, también podemos concluir que la prosperidad está ligada a ambos, al trabajo duro, y a la rectitud de la persona ante Dios. Sin embargo, no podemos considerar esto una enseñanza universal pues algunas veces una persona buena y recta ante los ojos de Dios, puede morir joven (26:27). *Finalmente, los Proverbios podrían aplicarse con más facilidad a personas de clase media alta, y clase alta (i. e., ricos), que a personas de una clase social más pobre.*

Hay que disfrutar de las posesiones materiales que poseemos, pero no de manera egoísta pues hay también responsabilidades que acatar, pues Dios es, en última instancia, el dueño de esas posesiones. Nosotros los humanos fácilmente podemos convertir ese disfrute de los bienes materiales en una devoción que fácilmente lleva a la idolatría. De Job aprendimos que fuerzas divinas y demoniacas funcionan en medio de las estructuras sociales, y ambas fuerzas pueden hacer que personas fieles a Dios no prosperen en lo material. Por tanto, no podemos reducir todas las bendiciones divinas solo a lo material.

CAPÍTULO 13

Los libros proféticos

Desde el Pentateuco notamos que Dios hace un trato (*i. e.*, el pacto) con Israel. Dios bendice Israel, entre otras cosas, con posesiones materiales si Israel es fiel al trato. Recordemos, el pacto es en plural para todo el pueblo, no para la suma de sus individuos. Parte del trato es que Israel debe cuidar de los más necesitados, practicar la justicia, y usar esas posesiones de manera compasiva. Sin embargo, Israel no cumple con su parte del trato, y Dios en su amor envía profetas a Israel para recordarles que han abandonado su parte del trato y que si Israel no muestra arrepentimiento, pagará por sus propias acciones de maldad.

Así es como encontramos que cada profeta predica en medio de una situación social e histórica muy particular. Durante y después de la monarquía (el exilio) las desigualdades sociales y explotación social se agudizan. Por ejemplo, aquellos esfuerzos divinos por evitar la acumulación de riqueza en pocas manos (*e. g.*, como el año sabático, y el jubileo) no fructifican por la desobediencia humana. Esto sucede por medio del surgimiento de nuevas clases sociales como la monárquica, y una nueva clase comercial. Ambas desarrollan estilos de vida de lujos y riquezas, sin mostrar interés alguno por las miserias de los pobres. *Por tanto, el pacto de paz y prosperidad por obediencia a Dios de vez en cuando se detecta con algunos buenos reyes* (2 Reyes 18-20, 22, 23), *pero en general la desobediencia prevalece, y con ella la miseria.*

Aquí encontramos el primer principio de los profetas. *El rol de los profetas es el de denunciar los pecados de su sociedad, recordándole al pueblo (y a otros pueblos, también) que su desobediencia y maldad son la razón por la que ahora sufren.* Los profetas en ningún momento aparecen profetizando fortunas, como algunos falsos profetas lo hacen hoy. Por alguna razón, en aquel entonces, nadie apreciaba a los profetas, y hasta querían matarles. Para los profetas, la prosperidad de esos ricos explotadores y desobedientes del pacto no era más que un reflejo de idolatría. Por tanto, el mensaje de los profetas era el de apuntar a los pecados de Israel, y recordarle qué debería hacer para corregir su maldad. Bajo estas dos ideas vamos a trabajar esta sección de los profetas.

A continuación vamos a ver dos grandes segmentos temáticos en común entre los profetas. Cada uno de esos segmentos los vamos a dividir en cinco categorías de pecados. Esto nos ayudará a comprender mejor el mensaje crítico de los profetas hacia una sociedad clasista y explotadora.

1)   El primer segmento lo podemos llamar 'el problema', que es «los pecados de Israel con respecto a las posesiones materiales». Este segmento lo vamos a dividir en cinco categorías de pecados.[32]

---

[32] Estas categorías fueron tomadas de Blomberg, 2002, 100-114.

a) *Adoración de ídolos hechos de materiales costosos.* Las Escrituras nos muestran desde el Pentateuco la correlación entre idolatría y el mal uso de las posesiones materiales. Isaías nos muestra de forma poética esa correlación.

> *Se ha llenado su tierra de plata y de oro, y no tienen fin sus tesoros; su tierra se ha llenado de caballos, y no tienen fin sus carros. También su tierra se ha llenado de ídolos; adoran la obra de sus manos, lo que han hecho sus dedos. (Isaías 2:7-8.)*

Además de Isaías, Oseas (2:8) y Hageo (2:8) lamentan lo mismo.

b) *Confianza en rituales en vez de arrepentimiento.* La ironía de Jeremías (7:4) le recuerda a Israel que rituales sin arrepentimiento no tienen sentido. Jeremías explica lo que debe hacer Israel como arrepentimiento

> *Porque si en verdad enmendáis vuestros caminos y vuestras obras, si en verdad hacéis justicia entre el hombre y su prójimo, y no oprimís al extranjero, al huérfano y a la viuda, ni derramáis sangre inocente en este lugar, ni andáis en pos de otros dioses para vuestra propia ruina, entonces os haré morar en este lugar, en la tierra que di a vuestros padres para siempre. (Jeremías 7:5-7.)*

Una réplica de Jeremías la encontramos en Mateo 5:23, 24 como ejemplo de arrepentimiento.

c) *Extorsión, robo, y opresión para obtener tierras.* Ezequiel (22:29), Miqueas (2:2), y Amós (5:11-12) son tres ejemplos, entre otros pasajes, que ilustran cómo el rico quiere ir más allá de las bendiciones dadas por Dios, y practicando el pecado hacerse más rico a expensas de los necesitados. Al no redistribuirse las tierras durante el año sabático, y perdonar todas las deudas durante el jubileo, empieza a desencadenarse la progresión de pobreza que discutimos en páginas previas. Las familias empiezan por vender parte de su terreno, luego a venderlo todo, los préstamos que obtienen son con intereses, y empiezan así a convertirse en asalariados, para luego venderse como esclavos. Todo esto toma lugar en contra del pacto con Dios, pues ese no fue el plan de Dios para Israel. Ezequiel (45:10-12), Oseas (12:7), Amós (2:6-8), y Malaquías (3:5) nos presentan ejemplos de prácticas económicas injustas que iban contra el pacto.

d) *Vanagloria de las riquezas.* No es nada nuevo el que algunos vean que su éxito material pueda ser una señal de su buena relación con Dios, y eso les asegure su salvación eterna. Este es el caso que Amós (4:1) critica contra aquellos que se vanaglorian de sus riquezas. Amós también critica el exceso de lujos:

> *Los que se acuestan en camas de marfil, se tienden sobre sus lechos, comen corderos del rebaño y terneros de en medio del establo; los que improvisan al son del arpa, y como David han compuesto cantos para sí; los que beben vino en tazones del altar y se ungen con los óleos más finos, pero no se lamentan por la ruina de José, irán por tanto ahora al destierro a la cabeza de los desterrados, y se acabarán los banquetes de los disolutos. (Amós 6: 4-7, LBA.)*

Poseer riquezas, como ya hemos visto y nos lo recuerdan los profetas, no es prueba del favor de Dios, aun menos cuando estas se obtienen por medios que van contra la voluntad de Dios.

e) *Motivaciones financieras del liderazgo.* No hay nada que dañe tanto a una nación como cuando su liderazgo cae en corrupción. Isaías 3:14, 15 y 10:1, 2 nos ilustran este problema. Igualmente, Miqueas protesta contra esta corrupción:

> *... sus jefes juzgan por soborno, sus sacerdotes enseñan por precio, sus profetas adivinan por dinero, y se apoyan en el*

SEÑOR, diciendo: ¿No está el Señor en medio de nosotros? No vendrá sobre nosotros mal alguno. (Miqueas, 3:11.)

Ha desaparecido el bondadoso de la tierra, y no hay ninguno recto entre los hombres. Todos acechan para derramar sangre, unos a otros se echan la red. Para el mal las dos manos son diestras. El príncipe pide, y también el juez, una recompensa, el grande habla de lo que desea su alma, y juntos lo traman. (Miqueas, 7:2, 3.)

Los versos de Ezequiel 22:6-12 hablan de cómo la clase monárquica explotaba a la viuda, cobraba impuestos excesivos por préstamos, y practicaba la extorsión para enriquecerse. Esta clase social se enriquecía por medio de la violencia.

2) El segundo segmento lo podemos llamar 'la solución', que es «¿qué debería hacer Israel?». Cinco acciones debería realizar Israel para recobrar el pacto.[33]

a) *Buscar la justicia para el marginado*. Esta solución al pecado de abuso social es una réplica que hemos venido escuchando desde el Pentateuco, y los escritos de sabiduría. A aquellos más vulnerables a la explotación social —como el pobre y el oprimido, la viuda, los huérfanos, y los inmigrantes— se les debe tratar con justicia. Recordemos que, en la antigua sociedad israelita, sin el padre de familia existía una gran desventaja socioeconómica. Isaías 1:17, y Jeremías 22:13-17 dan ejemplos de estas injusticias. En estos pasajes, Isaías clama por llevar ante la justicia al opresor, y Jeremías, por otro lado, contrasta aquellos ricos que no pagan a sus trabajadores con aquellos que sí. De manera muy interesante, Ezequiel, conociendo la reputación de gran inmoralidad sexual de Sodoma y Gomorra, subraya el pecado de Israel comparándola con estos pueblos. El pecado tan grande que subraya el autor no es sim-

---

[33] Estas categorías fueron tomadas de Blomberg, 2002, 100-114.

plemente el sexual, sino algo más amplio y complejo. Esto es porque ambos, la inmoralidad sexual y el egoísmo materialista, son el origen de actitudes autoindulgentes, y no nos sorprende que ambos se fortalezcan y aparezcan juntos en nuestra sociedad occidental, tan afluente.[34]

> *¿No es este el ayuno que yo escogí: desatar las ligaduras de impiedad, soltar las coyundas del yugo, dejar ir libres a los oprimidos, y romper todo yugo? ¿No es para que partas tu pan con el hambriento, y recibas en casa a los pobres sin hogar; para que cuando veas al desnudo lo cubras, y no te escondas de tu semejante? (Isaías 58:6, 7, LBA.)*

b) *No vanagloriarse en las riquezas, sino más bien ser generosos en repartirlas.* Jeremías 9:23, 24 llega a ser otro eco en 1 Corintios 1:26-29. Aquí Jeremías clama a sus coterráneos para que en vez de vanagloriarse de sus posesiones, deberían vanagloriarse de entender a Dios, practicar amabilidad, justicia, y rectitud.

c) *Arrepentirse de sus pecados y comprender las ramificaciones del enriquecimiento mal habido.* El pecado no es algo tan simple como algunas iglesias quieren presentarlo, como pensar que con una simple oración a Dios todo se arregla. El pecado tiene sus consecuencias sociales. Permítanme dar un ejemplo de macroeconomía para ilustrar mi punto. Por ejemplo, la crisis financiera del 2009 ilustra el pecado de codicia en las estructuras financieras. Los bancos empezaron a prestar dinero a personas que no podían pagar. Personas con mal crédito y muy endeudadas empezaron a recibir crédito. Algunos bancos empezaron a vender estas deudas a otros bancos, y así obtener ganancias de las deudas de quienes no podían pagar. Las tasas de interés eran bajas y los inversionistas empezaron a invertir en alto riesgo. Todos querían dinero, y el dinero estaba disponible. Sin

---

[34] Blomberg, 2002, 109.

embargo, esa burbuja financiera reventó, y ocasionó que millones de personas alrededor del mundo perdieran sus inversiones, y hasta sus empleos. Es decir, es increíble ver que, en nuestra economía global, unos pocos diseñaron una política financiera que no pudieron detener y afectó a todo el mundo por el simple deseo de obtener más riquezas.

No existe pecado individual ni privado. Todo pecado tiene consecuencias sociales, y requieren de arrepentimiento, y reparaciones. Es decir, debemos reconocer lo malo que se ha hecho para no volverlo a cometer, y pedir perdón. Miqueas explica lo que entiende por arrepentimiento:

¿Y qué es lo que demanda el Señor de ti, sino solo practicar la justicia, amar la misericordia, y andar humildemente con tu Dios? (Miqueas 6:8b.)

d) *Buscar el bienestar común.* Otro aspecto muy interesante se encuentra en Jeremías 29:7, cuando el profeta exhorta a los israelitas a no vivir en un gueto sino a afectar a Babilonia buscando la paz y la prosperidad de la ciudad. Pues si Babilonia prospera, ellos prosperarán. Dios tenía un plan misionero para los israelitas en su exilio, algo que parece descabellado. Una réplica de esta categoría se encuentra en Romanos 12:20, 21.

e) *Aferrarse a las promesas de restauración.* A pesar de un mensaje de acusación por el pecado del pueblo, los profetas también le recordaban al pueblo que habría restauración. Dios no los dejaría abandonados. Sin embargo, era necesario para Israel llegar a esta última categoría, comprendiendo las anteriores. Isaías 54-55, 60-66 ilustra esta restauración muy bien con una imagen de un banquete mesiánico, y de un nuevo templo (Joel 2:23-27; Ezequiel 4048; 34:25-31).

Las riquezas en exceso nos llevan a la idolatría. Una vez que caemos en la idolatría nuestros ojos espirituales se ciegan, pues estamos en pecado y nos cuesta reconocerlo. Lo que es exceso de riqueza para unos, no lo será para otros. Por tanto, es importante evaluar nuestro estilo de vida constantemente. *Debemos recordar que las riquezas son en última instancia de Dios. Vanagloriarnos de su acumulación es señal de idolatría.* Otro aspecto a considerar es el ser generosos con aquellos que en realidad necesitan ayuda. No se trata simplemente de dar regalos navideños a niños pobres, sino de manera sistemática ayudar a aquellos en necesidad. Hay que reconocer que algunas personas no necesitan más, sino que lo que necesitan es aprender a administrar mejor lo que tienen. Por ejemplo, algunos buscan con el crédito poseer bienes que no deberían, o no es necesario tener. Otros mediante el robo persiguen lo mismo. Por último, el pecado de la codicia no es algo que de manera simple podamos individualizar; la codicia es pegajosa y en algunas iglesias se viste de «pídale al Señor todo lo que quiera». La codicia por las riquezas nos puede llevar a caer en corrupción, y eso les ha sucedido incluso a siervos y siervas de Dios.

CAPÍTULO 14

Concluyendo este segmento

El Antiguo Testamento nos habla de un Dios que no apoya ni la idea de acumular excesivas riquezas ni el hecho de vivir en la pobreza. Dios provee a cada quien con lo justo y necesario; pero la maldad en las estructuras sociales pueden obstaculizar que el Cuerpo de Cristo participe con Dios en esa justa tarea. Es cierto que podemos ser vagabundos y perezosos, y así caer en la pobreza. También podemos trabajar duro, o ser injustos o corruptos en nuestros negocios, y así prosperar. Al fin y al cabo, las riquezas son una bendición de Dios para aquel que trabajaba duro, que es sabio para reconocer de dónde proviene esta riqueza, aunque esta fórmula no es una ley universal, pues, en ciertas circunstancias de crisis y corrupción social, el justo que trabaja duro puede que no prospere, y el injusto corrupto que trabaja duro puede que prospere.

Una cosa sí queda clara: *Dios llama a aquellos que han sido bendecidos con riquezas a no simplemente a hacer donaciones, sino a compartir esa riqueza con los más necesitados, y luchar por la justicia de los más explotados en la sociedad.* Esa es la mayordomía a que busca apuntar este libro. Aquellos que poseen riquezas tienen poder de influencia en la sociedad. Así que no solo se trata de regalar dinero al pobre, sino de luchar en el nombre de Dios contra la justicia que empobrece a las personas. Este es un buen parámetro para evaluar a cualquier iglesia o país: ¿cómo cuidan de los pobres y marginados, aunque estos no sean creyentes?

PARTE III
En cuanto a las riquezas en las Escrituras
La época intertestamentaria, y el primer siglo

Esta sección intertestamentaria la vamos a dividir en varios segmentos: un segmento sobre el dominio imperial que explica la cultura helenística en la que Jesús llegaría a vivir, y otro segmento que explica la creativa literatura judía producida durante esta época.[35] Este contexto es importante, pues antes de entrar en el Nuevo Testamento es necesario hacer una pausa para entender la época intertestamentaria que generaría el escenario para el contexto del nacimiento de Cristo.

Muchos cambios históricos, sociopolíticos, y religiosos habían sucedido en los 500 años de la brecha entre el Nuevo y el Antiguo Testamento. Muchas cosas han cambiado desde el regreso del exilio, hasta la dominación del Imperio romano. Por tanto, no podemos dar ese salto del Antiguo Testamento al Nuevo Testamento sin entender, aunque sea de manera breve, el contexto en que la encarnación de Jesús toma lugar.

---

[35] Estas secciones fueron adaptadas de Blomberg, 2002, 121-140.

CAPÍTULO 15

Entre los Testamentos

En el Antiguo Testamento habíamos dejado las cosas en manos del Imperio persa. Sin embargo, en los años 300 antes de Cristo, los persas cayeron bajo el yugo Griego. El joven Alejandro el Grande lleno de testosterona aparece haciendo estragos. Luego de su temprana muerte, su imperio se divide en dos: los del norte, bajo el control de los Seléucidas en Siria, y en el sur tomarían el control los Tolomeos en Egipto. Asimismo, por casi 150 años, el Imperio griego influenciaría con su arte, su lengua y la creación de nuevos centros urbanos por medio del comercio. Esta influencia se conoce como la 'helenización', o la 'cultura helenística'.

Este sería el inicio de una serie de cambios políticos de un imperio a otro, pues cada imperio requiere financiar sus campañas expansionistas, y esto tiene un costo. En la provincia de Palestina (antiguas zonas de Judea) se extiende el latifundismo, algo desastroso en una economía agrícola.

Es decir, se da la concentración de tierras en pocas manos, donde los dueños estaban ausentes, y las tierras estaban controladas por siervos y esclavos. En este contexto, al que hay que agregar la política del emperador griego Epífanes por ilegalizar la religión judía, se produce la revolución de los macabeos en el año 167 antes de Cristo. Durante casi 100 años los judíos fueron independientes, y esto hay que sumarlo al debilitamiento del Imperio griego. Los judíos se creyeron capaces de cumplir con el pacto de Dios, de levantarse contra un imperio poderoso, y generar alguna prosperidad para el pueblo. Estos fueron años de una renovación religiosa legalista, con implicaciones en lo social, y en lo económico. Sin embargo, en el año 63 el general romano Pompeyo invadiría Jerusalén.

Para el año 37, en Palestina se generaría un clientelismo imperial. Lo romanos siempre buscaron a otros para hacer sus negocios sucios. Es decir, un judío se convertiría en rey de los judíos, bajo la supervisión del Imperio romano. Palestina era una zona conflictiva: nuevos macabeos podrían levantarse y causar algún daño al imperio. Así que era mejor para los romanos tener un títere como gobernante. Así aparece Herodes el Grande, un ególatra capaz de matar a sus hijos con tal de mantener el poder. Herodes se ganaría de alguna manera el beneplácito del pueblo por medio de sus obras públicas. Entre estas obras estaría la reconstrucción del segundo templo de Jerusalén. Este templo llegó a ser más grande y hermoso que el templo de Salomón. Sin embargo, esas obras no se financiaban desde Roma. Herodes fue un salvaje explotador en cuanto a los impuestos, y a la esclavitud. Sin embargo, a los 33 años de su reinado, Herodes murió, y sus hijos dividieron su reino en dos, Samaria y Judea, y continuaron la explotación. Se calcula que entre el 30 y el 50 % de los bajos ingresos de los judíos se iban en los múltiples impuestos de la época.[36] ¡Imaginen lo que es tener que orientar la mitad de nuestro salario y posesiones al pago de los impuestos, y esto sin contar ofrendas!

Desde una perspectiva sociológica podríamos decir que la sociedad del primer siglo podría dividirse en grupos socioeconómicos de un 2 %, un 8 %, un 20 %, y otro de un 70 %. Por ejemplo, durante el primer siglo, el 2 % de la población estaba constituida por el emperador y su corte, la aristocracia, altos militares, y el alto clero. Estos podían controlar desde la mitad hasta las tres cuartas partes de la riqueza de la época. Otro 8 % eran los burócratas, políticos y ayudantes de la clase antes mencionada. En otro 20 % se ubicaría un tipo de clase media, como comerciantes, artesanos, el clero, y otros que mientras se mantuvieran obedientes al imperio, podrían mantener su posición. Luego, un 70 % estaría constituido por esclavos, siervos y pescadores pobres; dentro de este porcentaje habría un 10 % de aquellos extremadamente destituidos, enfermos, y sumamente pobres, incapaces de trabajar y proveerse a sí mismos.[37]

Todos estos problemas de explotación política, económica, y la desigualdad social afectaría a lo religioso. De pronto la fe del pueblo y las promesas de un Dios liberador no se encuentran mutuamente. Este contexto se convierte en un suelo fértil para nuevos movimientos religiosos, nuevas sectas judías (*i. e.*, la comunidad de los esenios creadora de los rollos del Mar Muerto, los saduceos, y fariseos), nuevos grupos revolucionarios (*i. e.*, zelotes), y líderes populistas (*i. e.*, como Herodes).

---

[36] Blomberg, 2002, 124.
[37] Blomberg, 2002, 124.

CAPÍTULO 16

La creación literaria judía durante el periodo intertestamentario

De alguna manera en América Latina tenemos conocimiento de la Biblia «católica.» Es decir, si miramos con atención la Biblia de la iglesia católica romana nos daremos cuenta de que hay más libros que de la Biblia protestante o evangélica. Estos «libros extra» se conocen como los libros apócrifos. En la tradición judía, los profetas ya habían cesado, y se había iniciado la tradición apocalíptica. Es decir, la situación política, económica, y social se había deteriorado tanto que la única salvación posible era esperar que Dios actuara de manera directa, sobrenatural, y cósmica para intervenir en la historia humana. ¡El fin de los tiempos se acerca!

En estos libros apócrifos, el tema de la prosperidad como resultado de la obediencia al pacto (i. e., formula deuteronómica) casi no se menciona (2 Esdras 2:18-21). Mientras que la perspectiva de «el rico prosperará» y «el pobre justo no prosperará necesariamente» es una idea que aparece con más frecuencia (Sirac 44:6, 10, 11; Sabiduría de Salomón 2:6-11). De entre casi una docena de estos libros apócrifos, encontramos Sirac como el libro que más trabaja nuestro tema sobre las riquezas y posesiones. Recordemos, sin embargo, que en tiempos de literatura apocalíptica la perspectiva es de no atarse a los bienes materiales pues los últimos días se aproximan (2 Esdras 16:41-48). Por ejemplo, en pasajes como Sirac 18:32 y 37:29 se clama al pueblo para evitar lujos excesivos.

Estos tiempos intertestamentarios nos ayudan a entender el escenario donde llegaría a aparecer Jesús. Para muchos judíos apocalípticos ver un imperio tras otro dominando sus vidas diarias era una forma de entender que la era mesiánica se aproximaba. Recordemos que para los judíos de aquel entonces lo religioso, político, social, y económico era un solo sistema, no como los tendemos a separar hoy. Por tanto, si los romanos controlaban políticamente a los judíos, los judíos se sentían controlados de forma completa y absoluta. ¿Dónde está Dios y su promesa del Reino? ¿Dónde está la salvación y libertad prometidas?

Para entrar a la siguiente sección del Nuevo Testamento, este periodo intertestamentario nos muestra ese terreno fértil en lo religioso, político, y social en que la salvación era necesaria. Esto demuestra el vacío en que el pueblo judío se encontraba. Una religión desgastada, legalista, con un liderazgo corrupto, y todo esto relacionado con un imperio que explotaba cerca de la mitad de la producción de la riqueza judía. *Parece que la fórmula deuteronómica no se aplica en ambientes de tanta corrupción y explotación.* En este ambiente el Evangelio del Reino en la persona de Cristo llegaría a aparecer.

PARTE IV

En cuanto a las riquezas en las Escrituras
La mayordomía en el Nuevo Testamento

Para las primeras comunidades cristianas sus Escrituras sagradas eran toda la colección del Antiguo Testamento. Sin embargo, leían el Antiguo Testamento a través de Jesucristo. Por ello las muchas referencias en el Antiguo Testamento al cumplimiento de profecías, algo que indica que Jesús es el cumplimiento de la Ley. En cuanto a nuestro tema sobre las riquezas y las posesiones materiales, el Nuevo Testamento se inicia con los Evangelios y con Jesucristo en la escena. Ese será el primer segmento. Luego entraremos a los otros libros, para terminar con el Apocalipsis.

CAPÍTULO 17

Los Evangelios y las riquezas

Jesús nació en un momento histórico de mucha explotación, corrupción, y abuso de poder no solo por el imperio extranjero, sino por la cooperación con este por parte de los grupos religiosos de la época. En pocas palabras, y de manera coloquial, podríamos decir: «no había alma en quien persignarse». Por tanto el tema del dinero, las riquezas y la pobreza eran temas que debían desarrollarse.

Entre todos los Evangelios es Mateo el que muestra más interés en asuntos de dinero y riquezas, pero Lucas parece preocuparse más por asuntos sociales, mientras que Marcos se adentra poco, y Juan casi nada en este tema. Mateo hace referencia al dinero en cuarenta y cuatro oportunidades, contra veintidós en Lucas, y seis en Marcos. Mateo en seis pasajes se refiere a los recaudadores de impuestos, mientras Marcos lo hace una vez, y Lucas cinco veces.

Podríamos decir que Mateo pudo ser escrito para poblaciones urbanas pobres, entre ellas cristianos pudientes, según las referencias en las parábolas que se dan a reyes, y personas de dinero. Mateo inicia su Evangelio resaltando una cristología de herencia judía para presentar a Jesús como hijo de David, e ilustrar tal realeza con los regalos de los Reyes Magos. Este rey aparece en contraste con los poderosos en Jerusalén (*i. e.*, el antirreino), que incluso buscan matarle. Pues este rey aparece como el defensor de los vulnerables y los marginados. Sin embargo, este escrito se torna más interesante cuando, en 6:1-4, Jesús les dice a sus discípulos que den limosnas, pero que lo hagan en secreto, para evitar cualquier tentación de la alabanza humana. Aun el dar una taza de agua a los más pequeños será premiado (10:42).

Entre las parábolas, como las del tesoro escondido y la perla de gran precio, que estresan el valor sacrificial de dejarlo todo para adquirir el Reino (13:44-46), además de otras enseñanzas sobre el perdonar deudas materiales y espirituales (18:23-35), podemos ver que Dios trata a las personas con abundante gracia —no simplemente les da lo que merecen— (20:1-16) y comprobamos la necesidad de recibir a misioneros con ayuda económica, y receptividad espiritual (25:31-46).

Marcos es un escrito muy interesante que contrasta con los otros Evangelios. Es difícil en Marcos encontrar una línea a seguir, pues Marcos parece suavizar lo que los otros Evangelios parecen polarizar en cuanto a las riquezas. En Marcos, Jesús da permiso a los discípulos para llevar posesiones en su trabajo misionero (6:8). Luego, Jesús alimenta a los cinco mil refiriéndose a la multitud como ovejas sin pastor (6:34). Al limpiar el templo, Jesús no permite que nadie lleve nada al templo (11:16). Del modo que fuera, parece que Marcos fue escrito para comunidades rurales, pero los actores en la narrativa no parecen reflejar ese punto de vista, y eso hace de este libro algo confuso en cuanto a encontrar una línea de pensamiento clara sobre las posesiones materiales.[38]

---
[38] Blomberg, 2002, 208.

En Lucas existe una distinción ontológica en cuanto a los pobres que debemos resaltar. *No significa que todo pobre, por su condición socioeconómica, ha de heredar el Reino.* Hay características espirituales que también están en juego, junto a las socioculturales y económicas (1:51). *Lucas nos describe a los pobres como personas no solamente marginadas y vulnerables, sino también piadosas. Los pobres son humildes, y por tanto son exaltados por encima de los ricos arrogantes* (1:46-55). Sin embargo, eso no significa que todo pobre inherentemente sea humilde, y todo rico sea inherentemente arrogante. Debemos considerar que el interés de Lucas está en enfatizar elementos de justicia social.

Jesús se rodea al nacer de personas de carácter dudoso. Por ejemplo, los pastores de ovejas, en aquel entonces, eran considerados deshonestos. ¿Por qué? Bueno, algunas veces se llevaban las ovejas a terrenos ajenos, traficaban con la leche y los cabritos, robando así a los dueños de las ovejas. Para los maestros de la ley, ser un pastor de ovejas era una ocupación muy desacreditada. En pocas palabras, ser pastor de ovejas era sinónimo de ser ladrón, estafador y mentiroso. No podía haber mayor contradicción que llamarse «un buen pastor.» Lo increíble es que estos estafadores son visitados por los ángeles, quienes los invitan a visitar al niño Jesús. Aquellos que pensábamos fuera del Reino, pueden estar más cerca de lo que creemos.

Otro aspecto a recordar es que el dinero es un instrumento para la compra y venta de bienes y servicios. *Sin embargo, como cualquier otra cosa, el deseo de cuidar, de proteger, y producir más dinero se puede convertir en una obsesión.* Así que el dinero puede convertirse en fuente de idolatría para algunos. Pues de pronto no es Dios el que provee, sino yo mismo quien debo proveerme con trabajo duro, y el mercado quien me enriquece. En el caso de Jesús y los impuestos hay varios pasajes que podríamos tomar con atención.

CAPÍTULO 18

Pasajes malinterpretados en cuanto a las posesiones materiales

Es común encontrar algunos líderes religiosos que dicen tener línea directa con el Espíritu quien les ayuda en la exegesis bíblica, como manera de justificar su pobre preparación teológica. Pretender entender un pasaje bíblico fuera de su libro, fuera de su género literario, fuera de su época, y fuera de su contexto general de la Biblia como un todo, es generar una mala doctrina. Es como leer una carta empezando por la mitad, sin conocer su principio, ni a quién va dirigida, ni quién la escribió. En esta sección vamos a prestar una mirada a algunos pasajes aguzados para justificar estafas financieras en algunas iglesias.

En Mateo 6:24 hay referencia de un contraste entre Dios, y *mamon* (*i. e.*, idolatría al dinero, termino Arameo por 'riquezas'). Este pasaje nos señala al dinero no como potencial de recursos para probar nuestro carácter, sino *como un potencial maestro de nuestras vidas.*[39] Otros pasajes como Lucas 16:19-31 y Marcos 10:25, nos apuntan al principio de *ver al dinero como un obstáculo para entrar al Reino*. En Marcos 12:13-17, la moneda en mención se refiere a inscripciones del emperador como Dios. Este pasaje busca contrastar la perspectiva de Jesús de la de un zelote. El tema en cuestión es que «está permitido» según la ley pagar impuestos. Jesús responde indicando que la moneda tiene el sello romano, y por tanto pertenece a Roma. Algo que apunta al desinterés de Jesús por el dinero como algo material y pasajero, algo que puede convertirse en objeto de poder, e idolatría; por tanto, el dinero puede convertirse en algo para ser utilizado en contra de los principios de Dios.

La diferencia entre Jesús y los revolucionarios de la época está en que Jesús creía que el Reino de Dios iba a ser establecido por Él y sus discípulos a través de la proclamación, la enseñanza, y la sanidad; por otro lado los revolucionarios creían en establecer su Reino derrocando a César y sus representantes. Pagar o no el impuesto al César no ayudaba ni obstaculizaba la llegada del Reino. Ahora, Jesús no estuvo de acuerdo con pagar el impuesto como símbolo de lealtad o deslealtad a Dios. Más bien, enviar de vuelta la moneda acuñada por César mismo implica el rechazo por cualquier cosa que el César haya creado. Hay que considerar que este pasaje se desarrolla en un contexto de trampa contra Jesús, y Jesús responde al estilo de los sabios de la época para hacer pensar a los que escuchan, y así evitar una confrontación directa.

El impuesto al templo era recaudado en la primavera, antes de la pascua, y se trataba de dos dracmas. Mateo 17:24 nos presenta a recaudadores de impuestos prejuiciosos de los Galileos que usualmente rechazaban pagar dicho impuesto. Eso se nota en la forma como preguntan: «¿Acaso tu maestro no paga el impuesto al templo?». Recordemos que muchos sectores ju-

---
[39] Witherington, 2010, 69.

díos (*i. e.*, comunidad del *Qumran*) cerca de Galilea consideraban al templo como una construcción corrupta. Sin embargo, pagar este impuesto tiene su trasfondo en Éxodo 30:13-16. Jesús responde mencionando la práctica mediterránea que los hijos de los reyes estaban exentos de pagar impuestos. Esta respuesta tenía validez jurídica, y era digna de ser debatida. Aquí Jesús está también retando algunos elementos de la ley mosaica que Él y sus seguidores no deben respetar. Un buen ejemplo de discontinuidad. La historia podría terminar allí. Sin embargo, para no ofender a los recaudadores de impuestos, Jesús pide a Pedro que vaya a pescar, y allí vemos el resto de la historia. Jesús aquí trata de apuntar que no objeta pagar impuestos al templo, pero no cree que deba ser un requisito para aquellos que pertenecen a su Reino. Definitivamente, *Jesús no tenía una perspectiva muy favorable en cuanto al poder que el dinero puede ejercer en la naturaleza caída de los humanos.*

Mateo 6:19-21 nos apunta al significado semítico del término 'corazón'. 'Corazón' se refiere al lugar en el cuerpo humano donde la voluntad se ubica, donde se toman las decisiones, pero no solamente de modo racional, sino también apelando a los sentimientos. *La clave es que nuestro tesoro es donde en última instancia se expresa nuestro carácter.*[40] Este pasaje puede tener dos perspectivas opuestas. Primero: algunos espiritualizan el pasaje, con ninguna relación a los recursos materiales. Segundo: algunos enfatizan que los bienes materiales vendrán a nosotros en sobreabundancia por buscar primero el Reino. Los versos siguientes en Mateo 6:25-34 nos hablan de Dios que nos provee de las necesidades básicas, no de riquezas. Se trata del orar por el pan de cada día, como significado de lo esencial.

No encontramos a Jesús en los Evangelios objetando en contra o a favor del pago de los impuestos, aunque se considera a sí mismo y a sus seguidores como exentos de dicho impuesto.

---

[40] Witherington, 2010, 64.

Aun más, Jesús se presenta a sí mismo y a sus discípulos exentos de la ley mosaica de pagar el diezmo al templo. Luego en Mateo 6, y su réplica en Lucas 12:29-34 son pasajes que nos indican de la necesidad de colocar nuestra voluntad en Dios y su Reino, por encima de cualquier otro tesoro humano. *El problema no está en el dinero, sino en lo que hacemos con el dinero, en la debilidad de la naturaleza humana ante el dinero.* En Lucas 12:20, 21, «Jesús parece indicarnos que el dinero no es verdadera riqueza, y que el dinero está inherentemente manchado; hay demasiada tentación para seres humanos caídos para usarlo de manera deshonesta».[41]

Un pasaje interesante que se ha malinterpretado es Marcos 14:7:

> *Porque a los pobres siempre los tendréis con vosotros; y cuando queráis les podréis hacer bien; pero a mí no siempre me tendréis.* (LBA)

La tendencia más común a interpretar este pasaje es Jesús indicando que la pobreza es inevitable, y que no deberíamos preocuparnos por eliminar o atender sus causas. ¡Esto es totalmente erróneo! «Lo que Jesús indica a su audiencia es que a él, a Jesús, lo tendrán físicamente por poco tiempo, y el tiempo para mostrar apreciación por su ministerio es limitado, habrán siempre oportunidades para ayudar a los pobres».[42]

Otro pasaje que se ha malinterpretado es el de Marcos 12:38-44, donde Jesús aparece contrastando la acción sacrificial de la viuda contra aquellos que la explotaban. En aquel entonces los escribas funcionaban como abogados que custodiaban cualquier herencia que huérfanos o viudas pudieran heredar. Recordemos que ni mujeres, ni niños ni niñas podían recibir herencias, así que aunque recibieran algo, un hombre tenía que supervisar dicha dádiva. Sin embargo, algunos escribas tenían fama de «devorar la casas de las viudas», y enrique-

---

[41] Witherington, 2010, 69.
[42] Witherington, 2010, 72, mi traducción.

cerse a costa de viudas y huérfanos. Las estructuras religiosas de la época se habían vuelto corruptas, y no funcionaban de acuerdo a los propósitos por las que fueron creadas.

Esta historia se inicia con Jesús sentado frente al tesoro del templo, viendo a las personas llevar sus ofrendas. En este caso no se trata del impuesto al templo sino de una ofrenda voluntaria. Una viuda se aproxima y deposita dos leptones, o monedas de cobre (*i. e.*, 1/64 de un denario), que representaba la paga diaria de un trabajador.[43] La cantidad era muy poca en comparación con las ofrendas que los ricos llevaban. Esta es la razón por la cual Jesús utiliza a la viuda como ejemplo de una actitud y acción sacrificial, pues la viuda da todo lo que tiene. Por tanto, *Jesús exalta el dar con intención sacrificial y con generosidad, no solo un diez por ciento, algo que podría ejemplificar la actitud de llevar la cruz.*

La actitud de Jesús en cuanto al dinero no difiere de aquella de los profetas. El dinero en sí no es malo, es un instrumento de intercambio comercial. Jesús exalta el dar con espíritu de sacrificio y con generosidad, e invita a utilizar el dinero como instrumento para la justicia y no de injusticia. El problema está en la debilidad humana ante el dinero como instrumento para poseer bienes, pues es una tentación muy fuerte para todos. Jesús nos demuestra su desinterés por el dinero, pues es algo material y pasajero, algo que puede convertirse en objeto de poder e idolatría; por tanto, el dinero puede convertirse en algo para utilizarse en contra de los principios de Dios o a favor de los principios del Reino. Así que la maldad no yace en el dinero, sino en el corazón humano que lo utiliza.

---

[43] Witherington, 2010, 76.

CAPÍTULO 19

El resto del Nuevo Testamento

En esta sección vamos a encontrar múltiples réplicas que nos recordarán el Pentateuco. Algo que demuestra esa continuidad entre el Nuevo y el Antiguo Testamento. Vamos a continuar desde Hechos hasta el Apocalipsis para encontrar esos pasajes que nos pueden iluminar con el tema de las riquezas y la pobreza.

En el libro de los Hechos, en comparación con Lucas, «las referencias a los ricos aumentan a través del libro… y son a menudo favorables en las descripciones de aquellos que se han convertido al cristianismo».[44] Así que no podríamos decir desde las Escrituras que Dios tiene una opción preferencial por los pobres. Lucas, en este su segundo volumen, nos describe ricos creyentes. Recordemos que este libro fue escrito para aquellos no judíos, sino helenistas (*i. e.*, cultura grecorromana) de clase media. El propósito de Lucas es presentar cómo el

---
[44] Blomberg, 2002, 327.

cristianismo se va separando del judaísmo y adaptándose más a la cultura helenística.

En los capítulos 2 y 4 nos describe a los primeros cristianos en reuniones en los hogares, y la pobreza y riqueza se comparten en común. Hechos 2:45 nos narra que alguien podía vender propiedades y bienes y los distribuía según alguien tuviera necesidad. Es decir, no vendían las cosas, las repartían, y se iban a vivir juntos, como algunos han malinterpretado. En ningún momento se trata de la transferencia de propiedades de los discípulos a los apóstoles, *sino que de vez en cuando la persona, por voluntad propia, al ver o escuchar que algunas personas en la congregación pasaban por una necesidad, vendía algunas o todas sus posesiones para repartirlas. No era una obligación para todos, no era todo el tiempo, sino que en su libertad la persona discernía en el Espíritu hacer tal cosa si era necesario. Esta es la primera indicación de lo que sería el cristianismo primitivo: los cristianos cuidaban de los suyos, así era como entendían la mayordomía cristiana.*

Esto de compartir en común los bienes era un valor grecorromano. Es decir, había reciprocidad entre clases sociales iguales, en un contexto social de «hoy te ayudo y mañana me ayudas». No se trataba tanto de generosidad sino de «me debes un favor». Aquí Lucas estira ese valor para exaltar un valor del Reino. No se trata de clase media ayudando a otros de clase media solamente, sino de *ayudar a cualquiera sin esperar ningún favor a cambio*. Una réplica de Deuteronomio 15:4 a: *Y no habrá menesteroso entre vosotros*. Un ejemplo de esto es el tema de las viudas en Hechos 6, algo que demuestra que en esta comunidad las personas se concebían a sí mismas como administradores de los bienes de Dios, pues ningún hermano o hermana debería pasar necesidad.

En Segunda de Corintios capítulo 11 *Pablo nos habla de los superapóstoles, o falsos apóstoles. Estos superapóstoles* (11:5) *aparecen con un Evangelio diferente, es decir con otro espíritu* (11:4).

Estos se caracterizan por su egoísmo, son presumidos y tienen un interés comercial hacia el Evangelio. Así se mueven de iglesia en iglesia como parásitos itinerantes (11:7, 9; 12:13-18). Claman tener una autoridad superior, pero en realidad para Pablo no son más que ministros de Satanás (11:13). Proclaman a otros Jesús, y se jactan de sus prácticas espirituales y su éxtasis, y de experiencias espirituales especiales (5:13; 12:1-8). Son elocuentes; probablemente tenían un interés especial en enfatizar el hablar en lenguas como el don supremo del Espíritu (11:6). Así se exaltaban a sí mismos proclamando a otro Cristo (11:4).

En vez de ser pioneros en fundar iglesias y abrir nuevos campos misioneros, se dedicaban a invadir comunidades ya evangelizadas y con iglesias, y como parásitos se alimentaban del trabajo de otros (10:15, 16), y buscaban remuneración económica explotando a las congregaciones como tiranos (11:20), una práctica económica contraria a lo que Pablo hacía como apóstol (11:12). En comparación con Timoteo y Tito su corazón no era evangélico, y no disponían de las cualidades de los ancianos que se describen en la carta a Timoteo (1 Timoteo 3:1-7), por ser dominantes, arrogantes, buscadores de riquezas, y brutalesególatras (11:20). Pablo admite que una vez fueron cristianos (10:7; 11:23), pero se corrompieron en sus malos deseos convirtiéndose en falsos apóstoles (11:13-15). No se sabe con exactitud qué enseñaban, pero se puede percibir de Pablo que la herejía de estos superapóstoles era que predicaban de sí mismos, en vez de predicar el Evangelio de Jesús que Pablo les había enseñado.

A pesar de que el tema fundamental en Hebreos es presentar que Cristo es superior a los héroes de la fe judía, hay dos pasajes que dan pistas en cuanto al tema de las posesiones materiales. Hebreos 10:34 parece referirse al tiempo cuando el emperador Claudio (49 d. C.) expulsó a los judíos y a los judíos cristianos de Roma. Estas personas lo perdieron todo, aunque tal vez algunos lograron regresar luego y reclamar lo suyo. Sin embargo, la prioridad está en lo espiritual por encima de los tesoros terrenales. Al final de la carta en 13:5a-6 dice:

> *Sea vuestro carácter sin avaricia, contentos con lo que tenéis, porque Él mismo ha dicho:* NUNCA TE DEJARÉ NI TE DESAMPARARÉ, *de manera que decimos confiadamente:* EL SEÑOR ES EL QUE ME AYUDA; NO TEMERÉ ¿QUÉ PODRÁ HACERME EL HOMBRE? *(LBA)*

> *La exhortación está en compartir nuestras posesiones sin avaricia, y en estar en contentamiento con lo que poseemos ahora.* Y aún más interesante es el ligamen teológico con el verso 6, que como en otras cartas pastorales, se presenta que lo sexual y lo éticoeconómico van de la mano, posiblemente por la secuencia que existe entre los mandamientos séptimo y octavo, pues detrás de ambos pecados está el egoísmo.[45]

Por su parte, Primera de Pedro empieza con la idea de que no pertenecemos a este mundo y sus valores. ¿Por qué dice Pedro tal cosa? Se cree que los nuevos creyentes recipientes de esta carta eran personas prósperas, gentiles de mucho dinero. El caso del capítulo 3, versos 3 y 4, habla de los peinados costosos, además de los adornos de alto precio que se colocaban en el pelo; algo que demostraba la clase social de algunas mujeres. Pedro enfatiza valores, y no busca prohibir estas demostraciones de belleza, sino que indica que la belleza de la mujer debe estar en 'el yo interno'. Al captar las mujeres ese valor podrían usar su dinero al servicio del Reino, y no al de los valores de belleza de la sociedad de la época.

Un pasaje que debe recalcarse se encuentra en el capítulo 5, verso 2, donde Pedro exhorta a los ancianos a servir sin te-

---

[45] Blomberg, 2002, 330.

ner codicia por el dinero. Los ancianos pudieron estar a cargo de los fondos de la tesorería de la congregación, y eran los encargados en distribuirlos entre aquellos con necesidad. Tal vez algunos tomaban algo para sí como remuneración a su tiempo. Es decir, para Pedro «los líderes cristianos no deben ser motivados ministerialmente pensando en la remuneración o cualquier nivel salarial».[46] Los fondos ministeriales deben servir para atender aquellos en genuina necesidad, luego para cualquier proyecto que exista en mente.

Segunda de Pedro y Judas dan breves referencias a nuestro tema, pero sí tratan el tema de *los falsos maestros quienes en su idolatría e inmoralidad sexual tienen problemas con el manejo de sus posesiones, y el deseo de tener más.*

> *Muchos seguirán su sensualidad, y por causa de ellos, el camino de la verdad será blasfemado; y en su avaricia os explotarán con palabras falsas. El juicio de ellos, desde hace mucho tiempo no está ocioso, ni su perdición dormida. (2 Pedro 2:2, 3, LBA.)*

Pedro nos habla de esos falsos maestros quienes hacen negocio con la iglesia. Y la siguiente referencia nos indica de nuevo que los pecados sexuales y financieros van mano a mano como forma de expresar poder de manera egoísta.

> *Tienen los ojos llenos de adulterio y nunca cesan de pecar; seducen a las almas inestables; tienen un corazón ejercitado en la avaricia; son hijos de maldición. Abandonando el camino recto, se han extraviado, siguiendo el camino de Balaam, el hijo de Beor, quien amó el pago de la iniquidad. (2 Pedro 2:14, 15, LBA.)*

Este pasaje hace referencia a Números (22-24, 31:6) en la historia de Balaam, a la seducción hacia la idolatría e inmoralidad moabita (Números 25).[47] Igualmente en Judas

---

[46] Blomberg, 2002, 333.
[47] Blomberg, 2002, 334.

11 *los falsos maestros tienen su corazón enterrado en la codicia por el lucro*; y utilizan palabras engañosas para lograr su fin. «Implica que los falsos maestros han sacado buenas ganancias financieras de sus seguidores, quienes son engañados por sus enseñanzas y contribuyen a su sostenimiento».[48] Estos falsos maestros se disfrazan con el Evangelio, y no viven los valores del Reino sino los de este mundo mercantilista, pues su estilo de vida no es de generosidad y simplicidad; por ello se tornan egoístas lo que los hace susceptibles a abusar del poder en las áreas de lo sexual y lo económico.

En las epístolas de Juan se encuentran múltiples referencias a cuidarnos contra el amor a este mundo (*i. e.*, como el orden mundial caído). Para Juan, el problema yace en los malos deseos del cuerpo, la codicia de los ojos, y la arrogancia de la vida; qué bien ilustra esos deseos mal enfocados.

> *No améis al mundo ni las cosas que están en el mundo. Si alguno ama al mundo, el amor del Padre no está en él. Porque todo lo que hay en el mundo, la pasión de la carne, la pasión de los ojos y la arrogancia de la vida, no proviene del Padre, sino del mundo. Y el mundo pasa, y también sus pasiones, pero el que hace la voluntad de Dios permanece para siempre. (1 Juan 2:15-17, lba.)*

Permítanme aclarar que no hay nada malo en lo sexual del cuerpo, ni en los ojos, ni en la vida. *El problema yace en la codicia, en la arrogancia por creer que lo que poseemos es nuestro, y en los malos deseos por lo sexual ilícito. Los líderes están tentados en estas áreas por su acceso al poder.* Esas tres categorías son los tipos de tentación que Adán y Eva y el mismo Jesús tuvieron que enfrentar (Génesis 3:6, Mateo 4:1-11). ¿Qué hacer entonces? Los siguientes versos, sin necesidad de comentario nos lo indican:

---

[48] Blomberg, 2002, 334.

Pero el que tiene bienes de este mundo, y ve a su hermano en necesidad y cierra su corazón contra él, ¿cómo puede morar el amor de Dios en él? Hijos, no amemos de palabra ni de lengua, sino de hecho y en verdad. (1 Juan 3:17-18, LBA.)

Santiago, por su parte, desarrolla toda una discusión ética y de sabiduría en cuanto al uso y mal uso de las riquezas. En su capítulo 2 (1-26) *acusa a sus lectores de mostrar parcialidad hacia los ricos, por encima de los pobres* (Levítico 19:15). Esto implicaba no solo brindar hospitalidad (Mateo 23:6; Marcos 12:30; Lucas 11:43, 20, 46), pues aquellos con dinero tienden a dar más dinero en las ofrendas, y eso beneficiaba a la congregación. Así Santiago exhorta a que todos, sin importar su nivel socioeconómico, deben ser recibidos con igualdad por el Cuerpo de Cristo. Esta es una tentación muy grande —y real— para los pastores en la iglesia de hoy.

Si hay que aclarar algo importante, para Santiago los pobres no lo son solo en términos económicos, sino también son personas que reconocen su pobreza espiritual con facilidad pues son humildes de corazón; sin embargo, no todos los pobres son así, y esto hay que tenerlo en consideración. Por tanto, esos ricos a los que se refiere Santiago, son ricos en aspectos socioeconómicos, pero también orgullosos en el aspecto espiritual. Teniendo esta aclaración, no interpretemos a Santiago incorrectamente y fuera de contexto. Santiago no busca glorificar al pobre y la pobreza, ni maldecir las riquezas y a los ricos. ¿Cómo podemos mantener a esos ricos creyentes a cuentas para que reconozcan su pobreza espiritual junto a esos pobres orgullosos espiritualmente en el Cuerpo de Cristo?

Pablo, en Gálatas 6:1-10, nos da unas indicaciones muy interesantes sobre cómo mantenernos a cuentas en cuanto a nuestras finanzas como Cuerpo de Cristo. Esto es importante, pues *algunos líderes en sus congregaciones creen que por su estatus de profeta o apóstol, se creen inmunes a rendir cuentas en a sus hermanos y hermanas en Cristo.*

6:1a Responsabilidad comunal para corregir al cristiano que peca.

6:1b El rendir cuentas individualmente, cuidándose personalmente.

6:2 Responsabilidad comunal para llevar las cuentas el uno con el otro.

6:3-5 Responsabilidad personal para probar nuestras obras, y llevar nuestras propias cargas.

6:6 Responsabilidad comunal para apoyar a aquellos que enseñan.

6:7,8 Rendir cuentas individualmente, pues lo que uno siembra eso cosecha.

6:9,10 Responsabilidad comunal, pues cada quien debe hacer lo bueno para otros, especialmente aquellos en la fe.[49]

Algunos doctos en este pasaje tienden a interpretarlo en un contexto de finanzas, y manejo de las finanzas en el Cuerpo de Cristo.[50] Por ejemplo, en 6:6 se hace referencia al apoyo financiero para aquellos con servicios remunerados en la congregación. De ser así, 1) El cristiano debe proveer para sí mismo llevando sus propias cargas financieras; aquellos que no trabajan no deben esperar comer gratis y ser parásitos en la congregación. 2) Para aquellos en necesidad se espera que llevemos las cargas el uno con el otro, para que nadie que viva en Cristo pase necesidad. 3) La congregación debe darle apoyo financiero a aquellos maestros

---

[49] Esta estructura fue traducida de Witherington, 2010, 108.
[50] Witherington, 2010, 108-116.

que lo merecen, aunque dichos maestros pueden rehusar la ayuda por cualquier razón. ¿Por qué rechazar la ayuda? Según parece, en algunos casos Pablo rechazó la ayuda, pues parece que el valor grecorromano de clientelismo (*e. g.*, «me debes lealtad pues te ayudo monetariamente») no debe ser aceptado en el Reino. Asimismo, esta interpretación de Gálatas 6 tendría buenas réplicas con 2 Tesalonicenses 3, y 1 Corintios 9. *Tal y como podemos ver no debe haber lugar para aquellos con una actitud de superioridad moral.* ¡Todos debemos rendir cuentas!

Finalmente, Apocalipsis nos presenta un Imperio romano sumido en una crisis económica por su idolatría. Las cartas a las siete iglesias son buen ejemplo de cómo los cristianos debemos vivir en medio de un sistema económico establecido por imperios que aman la codicia e idolatran su sistema. El contraste entre Esmirna y Laodicea ilustra como una Esmirna pobre en lo material, puede ser rica en lo espiritual (2:9). *Juan clama a los creyentes a abstenerse de los valores de este mundo, pues nuestra riqueza debe estar en Cristo, no en lo que creemos que podemos controlar como nuestro.*

«Las imágenes económicas reaparecen en la primera serie de juicios conocidos como los siete sellos (6:1-17). El hambre descrita en el tercer sello crea precios inflacionarios de tal forma que se necesita el salario de un día para comprar un kilo de trigo o tres de cebada, productos de primera necesidad en la dieta de cualquier familia. Irónicamente, el aceite y el vino, que por tiempos se convertían en artículos de lujo, no fueron dañados (6:6). El cuadro es uno donde los ricos retienen los recursos adecuados para seguir con su lujoso estilo de vida, mientras los pobres son desechados, al gastar todo su dinero para comprar la provisión básica»[51].

La marca de la bestia (13:16-18) bien pudo referirse a una imagen imperial idolátrica en alguna moneda, o a algún sello

---

[51] Blomberg, 2002, 342-343.

en las escrituras legales del primer siglo. De nuevo la idolatría y la codicia se combinan, una réplica desde Ezequiel 27. *El comercio no es en sí lo condenado, sino el comercio al servicio de la idolatría.* Para Juan (18:21-23) el problema estuvo en esa alianza entre un «imperio político y una blasfema idolátrica religión que crearon gigantescas disparidades entre los que tenían y los que no».[52] Juan exhorta a los creyentes a adherirse al Reino, no a los imperios de este mundo, y termina su escrito refiriéndose a una ciudad, que bajará del cielo a la tierra donde los creyentes no tendrán más escasez ni sufrirán explotación. Para ello hay que permanecer fieles, y resistir la tentación de los sistemas políticoeconómicos actuales, y sus idolatrías. Mientras tanto el Cuerpo de Cristo debe vivir como tal, respondiendo a los valores del Reino, para que el mundo sea testigo de comunidades alternativas que utilizan sus riquezas no para sí mismos sino al servicio de su rey.

---

[52] Blomberg, 2002, 343-344.

CAPÍTULO 20

Concluyendo en cuanto al tema de las riquezas en las Escrituras

La perspectiva de las riquezas o posesión de bienes en el Nuevo Testamento está basada en lo que el Antiguo Testamento enseña. Recordemos que las Escrituras de la iglesia primitiva eran los libros del Antiguo Testamento. En esta teología se subraya que

1) Dios es el creador y dueño último de todo lo que poseemos.

2) No importan los derechos de posesión, o cuán duro hayamos trabajado para justificar lo que tenemos; somos criaturas de Dios, y por tanto mayordomos de la riqueza que poseemos. Lo curioso de esto es que Dios nos da posesiones materiales, y son buenas en sí mismas. Sin embargo, la tentación es grande, pues disponemos de la capacidad de utilizarlas para apartarnos de Dios. La mayordomía es un área importante en la vida de todo creyente, un área que debe ser redimida y santificada bajo disciplina espiritual.

3) Consideremos que somos seres pecaminosos. Los deseos de un líder cristiano por servir le han sido dados por Dios, pero nuestra naturaleza pecaminosa puede desvirtuar esos buenos deseos de servicio a otros, hacia malos deseos para servirnos a nosotros mismos. Las riquezas son una tentación muy grande para aquellos con deseos de servicio en la iglesia. Es más, esos malos deseos no solo están en nosotros, sino también se refuerzan al vivir en una sociedad hedonista y egoísta, que busca inculcar el valor de poseer más y más con fines de placer personal. Por ello, el discipulado cristiano debe tratar en profundidad este tema de las posesiones materiales, que en sí mismas no son solo materiales, sino que requieren de disciplinas espirituales para saber disponer de las riquezas.

4) Las Escrituras nos llaman a tener cuidado con el matrimonio que existe entre las riquezas y la apostasía. Es decir, el manejo inadecuado de nuestras posesiones no solo nos guía a una actitud egoísta y de codicia, sino que nos lleva a abrazar los valores de un sistema socioeconómico (*e. g.*, *mamon*) que fácilmente se convierte para muchos en una idolatría. ¿Pertenecemos a Dios, o a este mundo?

5) Es cierto que Dios bendice al justo con prosperidad, suponiendo que ese justo recibe esa bendición pues sabe cómo usar esos bienes al servicio del Reino, incluyendo socorrer a los más necesitados. Hay que recordar que viviendo bajo estructuras económicas injustas el malvado puede prosperar, y el justo sufrir pobreza y persecución. Es importante hacer la sabia separación entre necesidades y lujos. De todos modos, la meta de la vida cristiana no es una vida de éxito y prosperidad, sino una vida de contentamiento y simplicidad, complaciendo a Dios con nuestras posesiones.

6) La pobreza, en las Escrituras no está vista como algo deseable; tampoco la riqueza. Los extremos no son tolerables por Dios. Las necesidades de cada persona deben ser suplidas

por Dios, no por el mercado. Los patriarcas eran personas ricas pero compartían generosamente con el necesitado. «Ninguno de los escritores hace un llamado a los creyentes ricos a cambiar de lugar con los pobres, ellos sencillamente debían dar de sus ganancias».[53]

7) En cuanto a ayudar al necesitado, no es solo para los ricos. Todos estamos llamados a dar, discerniendo la necesidad y de acuerdo a cuánto Dios nos haya hecho prosperar. No se trata de un comunismo, sino de un comunalismo, donde el Cuerpo de Cristo tiene las cosas en común. No hay que esperar a que nos haga prosperar para ayudar a nivel local o a nivel global.

8) La Ley nos recomienda restringir la acumulación de riquezas. La Ley nos llama a disfrutar de lo que poseemos, a compartir con aquellos en necesidad, a descansar nosotros y la creación bajo nuestra responsabilidad (*e. g.*, séptimo día, año sabático, jubileo). Pues al no cesar del trabajar, no podemos descansar y no podemos adorar a Dios como creador.

9) Los profetas surgen para llamar al pueblo y sus gobernantes a volver al pacto. Durante la monarquía la brecha entre los que tienen y los que no tienen se abrió de manera desmedida, lo que demuestra la ruptura del pacto.

10) «El Nuevo Testamento llevó un paso más delante de los principios más importantes del Antiguo Testamento y del judaísmo intertestamentario con una conspicua omisión: nunca se promete riqueza material como una recompensa garantizada por la obediencia espiritual o simplemente por el trabajo duro. Esta omisión fluye directamente del hecho que el pueblo de Dios ya no se define como un grupo étnico en un lugar geográfico divinamente otorgado. Esto no significa que las promesas del Antiguo Testamento se espiritualizaron completamente. El pueblo de Dios del Antiguo Testamento y del

---

[53] Blomberg, 2002, 353.

Nuevo Testamento un día disfrutarán de todas las bendiciones literales de la tierra, las cuales se extenderán para abarcar toda la tierra y eventualmente un cosmos redimido».[54]

11) Entre los Evangelios, Marcos y Juan no aportan mucho al tema que nos compete, pero Mateo nos lanza su interés en temas de dinero, y Lucas demuestra su preocupación por lo social. Lucas, en sus dos volúmenes, busca dirigirse a los cristianos ricos para que sean generosos con los pobres, no solo con aquellos de su mismo nivel socioeconómico que buscan recalcar «acuérdate que te ayudé». Después de los Evangelios, las referencias al Pentateuco, continúan siendo múltiples, aunque con aplicaciones contextuales, como a los falsos maestros, los falsos profetas, y los superapóstoles.

12) Para Pablo y Pedro el estilo de vida cristiano no va con el consumo desmedido, vestidos costosos, y peinados ostentosos. El estilo de vida del creyente es el de ayudar a los necesitados sin esperar nada a cambio; viviendo un estilo de vida austero y simple. Los líderes cristianos deben servir a otros, no a sí mismos, sin codicia al dinero, sino con sacrificio y dedicación. Aquellos líderes con remuneración la merecen, y tienen el derecho de no aceptarla si no la necesitan, pues los recursos son escasos y la iglesia debe existir para el servicio al Reino, no para servirse a sí misma. Estos líderes merecen nuestro cariño, hospitalidad, y en caso de necesidad debemos socorrerlos con alegría y prontitud. La diferencia entre lo correcto y lo incorrecto yace en lo valores que buscamos seguir. Pues el pecado no es simplemente algo privado, sino algo con implicaciones sociales. No solo pecamos, sino también se peca contra nosotros; y de pronto nos encontramos sumergidos en el consumismo, y rodeados de cosas que no necesitamos para vivir.

---

[54] Blomberg, 2002, 351.

PARTE V
En cuanto al templo en las Escrituras

Hoy más que nunca escuchamos entre grupos neopentecostales el deseo de construir grandes templos. Rony Chaves, entre otros «generales apostólicos», argumentan que la iglesia ha entrado en el final de los tiempos que había profetizado Amós (9:11, 12). Esto se refiere al tabernáculo de David que ha de ser levantado con poder. Este tabernáculo lo ha de levantar Dios con la ayuda de profetas y apóstoles, para que empiece a emerger un movimiento de salmistas y profetas para desarrollar una pasión en la adoración a Dios como una vez lo hizo Salomón (2 Crónicas 7:5, 6). Esto de la restauración del tabernáculo no es más que una retórica para justificar la construcción de templos, y con ellos para levantar toda una nueva casta religiosa de profetas y apóstoles, como lo eran las castas de sacerdotes y levitas en el Antiguo Testamento. ¿Es ese tabernáculo o el templo algo físico, algo escatológico (*i. e.*, que vendrá al final de los tiempos), o es algo que se está construyendo ahora pero que todavía no se ha terminado? ¿Es esta una interpretación correcta de la mayordomía cristiana en el Cuerpo de Cristo (*e. g.*, la iglesia)?

CAPÍTULO 21
Personal religioso en el templo

Habíamos explicado al inicio de este libro que la economía de Israel estaba basada de manera fundamental en la agricultura y la ganadería. Para explicar este tipo de economía es necesario entender la topografía de la zona. La zona de Israel tiene un clima moderado en la zona costera y en las colinas. En el medio podemos ver las cordilleras y los valles. Los valles, donde se ubican las ciudades, se benefician de lluvias tempraneras a inicios de octubre, y el final de la época lluviosa llega en abril o en mayo. Esta zona, por sus limitadas lluvias, se presta para las pequeñas explotaciones ganaderas. El Israel de aquel entonces no disponía de los sistemas de riego modernos que vemos hoy en el Estado de Israel. Un contraste fuerte con el antiguo Israel, lo encontramos en zonas del Nilo en Egipto, donde el río fertilizaba y enriquecía las tierras que inundaba. Es decir, al no existir buenos sistemas de irrigación, natural o artificial, la producción agrícola y ganadera en el antiguo Israel era limitada (Deuteronomio 11:10-12).

La creación de ciudades requería de un excedente económico de las zonas rurales. Es decir, para proveer servicios sociales (*e. g.*, militar, religioso, educativo) era necesario tener personal que pudiera comer sin tener que producir su propia comida, y para ello se requería alimentarlos. *Por tanto, cuando en Jerusalén se establecieron el templo y el palacio se hizo necesario no solo realizar ofrendas sino también crear impuestos para desarrollar la ciudad. Alguien debía pagar por tales construcciones y servicios.*

Así se obtenían los recursos para mantener a los especialistas religiosos. Este personal era necesario para efectuar los múltiples rituales y sacrificios, mantener las instalaciones y administrar todo lo referente al templo. Por ejemplo 2 Reyes 12:2-17 describe varias categorías de personal en el templo, como los sacerdotes, los que guardaban las puertas, los contadores, y los carpinteros y albañiles. Entre las castas religiosas estaban los sacerdotes y los levitas. Los sacerdotes eran de la descendencia de Aarón, y los levitas, pertenecientes a la tribu de Leví. Mientras un sacerdote podía ser destituido por comportamiento corrupto (Levítico 10:1; 16:40a; Deuteronomio 18:10-12; 1 Samuel 2:17; Números 16:1-31) otras personas podían ser donados al sacerdocio por familias no sacerdotales, como en el caso de Samuel.

Es decir, el apoyo económico al sacerdote llegaba de sus servicios (Deuteronomio 18:1-4). A los levitas, por su parte, al no heredar tierra como las otras tribus, se les permitió vivir en cuarenta y ocho pueblos con sus tierras de pasto, que fueron donadas por otras tribus (Josué 21). Así la economía del templo proveía apoyo al personal del templo con techo, comida, y abrigo.

El templo, tal y como lo mencionamos anteriormente, era toda una compleja estructura de servicios para toda la sociedad de aquel entonces. La estructura del templo permitía poseer tierras, criar animales, almacenar granos y frutos, y guardar dinero. Esto requería del manejo e inventario de los bienes. También la estructura del templo podía requerir administrar personal, pues múltiples grupos de levitas servían por temporadas. Igualmente, se requería del mantenimiento del templo, y para ello personal especializado. Por tanto, los sacerdotes y los levitas con el tiempo se convirtieron en una fuerza especializada y gozaban de una excelente educación. Una mano de obra que incluso el rey podía solicitar para sí.[55]

De igual manera, con el transcurso del tiempo la mano de obra del templo se fue diversificando en múltiples tareas que la estructura del templo, o el rey, podían llegar a requerir. Con el crecimiento urbano, el crecimiento de la población, y el aumento en popularidad de ciertos festivales religiosos, se hicieron necesarios nuevos servicios y especializaciones. Por ejemplo, en las puertas del templo se encontraban ciertas familias de la tribu de los levitas que las guardaban (1 Crónicas 23:4, 5, 19, 28-30; 26:14-15). Estos se encargaban, como guardia del templo, de que nada impuro entrara y de velar por los bienes del templo (almacenes) y por las ofrendas a la entrada de las puertas. Por ejemplo, cuando David entregó el Reino a Salomón, organizó 38 000 levitas y 4 000 guardianes de las puertas para varias tareas (1 Crónicas 23:28-30). También se encontraban levitas como contadores o escribas que llevaban los libros del templo, y en algunos casos tomaban nota de las palabras dichas por el rey u otros oficiales de alto rango (2 Samuel 8:16-19; 20:23-26; 1 Crónicas 18:15-17; 2 Reyes 25:18, 19; Jeremías 52:24, 25). Algunos sacerdotes podían servir como contadores (2 Reyes 12:11; 2 Crónicas 24:11; Nehemías 13:13) o administradores (2 Reyes 12; 22:4), posiblemente por ser de buen testimonio.

Hay que considerar que existía toda una gran variedad de otras labores en el templo, principalmente aquellas donde se requiere artesanos en metales preciosos, metales comunes, madera, y telas. A estos no solo se los requería en

---
[55] Stevens, 2006 ,79-81.

tiempos de construcción, sino también en momentos donde el mantenimiento era necesario. De esta manera podemos notar que en tiempos de la monarquía, tal como en las otras naciones del antiguo Oriente Próximo, el rey podía ordenar o solicitar servicios especializados del templo, pues también las bodegas del templo, podían servir para almacenar las riquezas del rey.

De nuevo, permítanme recordar, que el templo era esa organización central de sociedades antiguas. Los templos facilitaban la mayordomía del pueblo de Israel para los más necesitados. Los templos del antiguo Oriente Próximo poseían tierras y bienes. Entre doctos del Antiguo Testamento hay gran debate en este tema, pues la estructura misma del templo en Jerusalén podría ir en contra de las estipulaciones legales del jubileo. Sin embargo, a pesar de que los levitas no heredaron tierras, sí recibieron caseríos en las ciudades y algunas pequeñas parcelas de apoyo familiar (Números 35:1-3). ¿Quién administraba esos caseríos y otras parcelas? Con el tiempo, ¿fue acaso necesario comprar más casas y terrenos al aumentar el número de levitas?

También hay referencias de sacerdotes y levitas recibiendo grandes cantidades de ganado (2 Crónicas 35:8, 9). ¿Dónde podían mantener tanto animal durante el tiempo que transcurría entre la donación y la ejecución del festival? ¿Acaso el templo podía disponer de corrales y establos fuera del templo? Algunos argumentan que el profeta Amós atendía ganado para el templo. Aun más, ¿será que la visión del templo (Ezequiel 45) tenía características de descripción empíricas del templo en la tierra? ¿Será que el templo no disponía de tierras, pero las rentaba, compraba animales, y pagaba empleados para cuidar del ganado? En realidad no hay manera de responder a estas inquietudes. Cada quien, aunque sin suficientes argumentos, puede creer lo que quiera en cuanto a este tema.[56]

---

[56] Stevens, 2006, 82-85.

Por último, sí hay que considerar que en economías de regadío (*i. e.*, Mesopotamia, Egipto), la agricultura y la ganadería a gran escala facilitaban que un templo pudiera disponer de numerosos terrenos. En contraste, las economías que dependían de las lluvias (*i. e.*, Grecia, Israel y Judá) donde la agricultura y la ganadería se realizaban a pequeña escala, los templos parecían no disponer de las preciadas tierras como propias. Personalmente prefiero creer, pues parece haber mejores argumentos, que el templo en Jerusalén rentaba, pero no poseía como suyos terrenos para sus ganados y personal. Cabe aclarar, sin embargo, que en tiempos del segundo templo, la cosa era diferente. La corrupción de las castas religiosas, con el Imperio romano y Herodes, hacia posible que los especialistas religiosos vivieran disfrutando de manera egoísta de los bienes materiales provistos por el imperio.

CAPÍTULO 22

El templo, las ofrendas, los diezmos y más

El libro de los sacerdotes, o Levítico, detalla las circunstancias (y sus regulaciones) en que varias ofrendas deberían ser ofrecidas. Había ofrendas para quemar, ofrendas de grano, ofrendas de bienestar, ofrendas de pecado, ofrendas de culpa, ofrendas de promesas, ofrendas a libre voluntad. Esto demuestra toda una amplia variedad de ofrendas, más allá de las que estamos acostumbrados a practicar en el siglo XXI.

Algo interesante en este tema, y ligado al tema de los varios templos o un solo templo, es que en Levítico se recogen regulaciones para diferentes templos para recibir diezmos en granos y animales (Levítico 27:30-32), mientras que en Deuteronomio las regulaciones tienen en mente la centralización del templo en Jerusalén (Deuteronomio 14:22-26). ¿Será que hablamos de diferentes tipos de diezmos que había que entregar en diferentes lugares? Esto lo veremos más adelante. Otra pregunta en cuanto al diezmo es, ¿cuánto tiene de impuesto obligatorio y cuánto de ofrenda voluntaria?

En los libros de la ley encontramos tres tipos de diezmos que tienden a causar problemas de interpretación bíblica para algunos. Esto sucede, pues algunos entienden que los tres diezmos son versiones diferentes de un diezmo, y otros creen que el tercer diezmo es una secularización (*i. e.*, pues es dado a los pobres) de un diezmo original que era más religioso (*e. g.*, levitas y sacerdotes). Los siguientes son los evangelizadores pasajes de la ley que se refieren a los diferentes diezmos:

Diezmo versión n.º 1: Levítico 27:30-33 prescribe diezmar granos, frutos, y ganado para que lo obtenido se aparte y se consagre a Dios.

Diezmo versión n.º 1: Números 18:21-32 describe el diezmo para dárselo a los levitas como forma de sustento por su trabajo en el tabernáculo o en el templo, porque los levitas no podían poseer tierras para producir. Igualmente los levitas tomarían un diezmo de su diezmo recibido para darlo a los sacerdotes.

Diezmo versión n.º 2, con una cláusula: Deuteronomio 12:5-19 instruye a la gente a llevar sus diezmos en granos, vino, y aceite al santuario central y comerlos allí en la presencia del Señor junto con los levitas.

Diezmo versión n.º 2, con otra clausula: Deuteronomio 14:22-27 repite las mismas instrucciones de 12:5-19, agregando un opción para aquellos que vivían lejos y tuvieran que transportar sus productos hasta el templo. Así que se les permitía vender tales productos y usar el dinero para comprar comida y bebida y comerla junto a los levitas como un festín de celebración.

Diezmo versión n.º 3: Deuteronomio 14:28-29, y 26:12-13 suplementa las instrucciones agregando que cada tres años el diezmo debería ser almacenado en los pueblos natales, para que fueran usados por los levitas y los grupos sociales más vulnerables, como los extranjeros, las viudas y los huérfanos. Así los que daban el diezmo debían ir al templo central y declarar que lo habían depositado en su pueblo natal.

Los rabinos judíos entendían estos textos de forma sincrónica como varios diezmos. Números se preocupa por un diezmo para los levitas (y estos diezmaban para los sacerdotes), mientras que Deuteronomio introduce un segundo diezmo para ser consumido por el productor o dador del diezmo en el templo central (*i. e.*, Jerusalén) junto a los levitas. Finalmente, el tercer diezmo se entregaba cada tres años y tenia propósitos caritativos o sociales, pues buscaba proveer las necesidades de grupos sociales más vulnerables.[57]

Personalmente creo que, en realidad, los últimos editores del Pentateuco que tenemos hoy en día algo que pudo suceder unos pocos cientos de años antes de Cristo notaron que había diferencias entre los distintos diezmos, pero había también varios aspectos en común. Se cree que Levítico se escribió con mucha anterioridad a Deuteronomio. Números, se escribió y se editó en un tiempo cuando los levitas eran más numerosos.[58] Por tanto, Deuteronomio aparece para aclarar ciertos aspectos en situaciones históricas diferentes, como, por ejemplo, durante o después de la monarquía. ¿Por qué durante o después de la monarquía? Porque aparece la aclaración de un templo central y santuarios en los pueblos, y los más vulnerables o pobres parece que eran descuidados, y porque era necesario un impuesto más. Además, en tiempo de la diáspora temprana, los judíos que llegaban desde lejos podían traer sus diezmos al templo central. Una cosa sí queda clara: los levitas eran quienes administraban los diezmos.

Los diezmos en la ley aparecen como una obligación similar a un impuesto, mientras que en Génesis se presentan como una

---

[57] Baker, 2009, 241.
[58] Baker, 2009, 242.

ofrenda voluntaria. Los diezmos servían para redistribuir los ingresos, pues los levitas y los desposeídos eran grupos sociales sin acceso a propiedades para hacerlas producir y sustentar así sus propias necesidades. En una sociedad agraria era de esperar que lo que se diezmara se diera en especies, como los productos agropecuarios, aunque el dinero se permitía en algunas situaciones. De esta manera el diezmo era sagrado, y debía consagrarse y entregarse a los levitas en los templos. Así, el segundo diezmo se comía como festín en el templo y el tercero era para almacenarse, y por tanto distribuirse según el criterio de los levitas entre los extranjeros, viudas y huérfanos (*i. e.*, los más pobres). Hay que considerar, sin embargo, que hablamos de tres diezmos. Es decir, el pueblo llegaría a ofrecer un promedio anual de un 23 % de sus ingresos como diezmos. Esto sin contar otras ofrendas, y los impuestos al rey. Finalmente, debemos entonces inferir que aquellos que no disponían de medios de producción de riqueza no debían diezmar al no poder generarla.

A ratos encontramos evidencia que el templo pudo servir no solo para recoger ofrendas y diezmos, sino también para recoger impuestos para el rey. Unos interpretan que los levitas en sus respectivas ciudades podrían recibir los diezmos, cobrar con ello su salario y pagar sus diezmos, y luego llevarlos al templo de Jerusalén (Nehemías 10:38, 39). Otros nos recuerdan que antes de que el rey David centralizara el poder del Reino en Jerusalén, había varios pequeños templos o capillas por varios lugares. De este modo, cuando el Reino centraliza el poder centraliza un templo, y Jerusalén se convierte en la capital. Así un flujo de capital llega del campo y de las ciudades circunvecinas hacia Jerusalén. Una vez centralizado el poder, como en otras naciones del antiguo Oriente Próximo, los levitas tenían la capacidad de supervisar la recaudación de impuestos para el rey y los diezmos para el templo (2 Crónicas 24:8-12). De esta manera el templo se convierte en la capilla del rey y sus bodegas sirven para albergar sus bienes, y hasta podríamos suponer que los bienes del templo llegaron a ratos a servir como la caja chica del rey, como en tiempos de guerra (1 Reyes 15:18, 19; 2 Crónicas 16:2, 3; 1 Reyes 14:14, 26; 2 Crónicas 12:9; 2 Crónicas 25:24). El templo como institución para la mayordomía de los recursos de Israel para los más vulnerables, con la monarquía, se debilita y hasta se corrompe.

Durante el segundo templo en Jerusalén, en los tiempos de Herodes «un impuesto directo al ingreso en cuanto a la producción de agricultura llegó a alcanzar una tercera o cuarta parte de los cereales, y la mitad de frutas, y esto era solo uno de los impuestos recaudados. Había también impuestos indirectos, fijos, y temporales».[59]

Recordemos que el templo no era solamente casa de oración, sino también era centro de depósitos como un banco. Cada sacrificio llevaba una ofrenda de grano o animal. Esto generaba que el templo tuviera que recibir bienes para brindar sus servicios. De esta manera el templo tenía ingresos, pero también tenía egresos. Los ingresos llegaban del pueblo en forma impuestos, ofrendas y diezmos, mientras la monarquía ofrecía donaciones al templo. La mayor parte de los gastos del templo se iban en techo, comida, y ropas para los sacerdotes, levitas, y otro personal religioso y no religioso.[60] Recordemos que el templo necesitaba de constante mantenimiento, y de mucho personal para atender al pueblo. En sus bodegas recibían y enviaban cargas de animales y granos. Asimismo, el templo servía como entidad bancaria, en el sentido que funcionaba como depósito de tesoros, concedía préstamos y cobraba impuestos, diezmos, y ofrendas de muchos tipos. El templo servía para la mayordomía de la sociedad de Israel, como forma de redistribuir la riqueza. *Por ello es un error pensar en comparar nuestras iglesias modernas con el antiguo templo de Jerusalén.*

---

[59] Stevens, 2006, 111.
[60] Stevens, 2006, 121.

CAPÍTULO 23
El templo y los préstamos

La fórmula éticosocial deuteronómica dice que se debe proteger a la viuda, al huérfano, y al residente extranjero (Deuteronomio 24:19-21; ver también Salmos 12:5-6 y 146:5-9). El templo como lugar de residencia de Dios se convierte en el lugar para que su personal, y la corona imiten el carácter de Dios como protector de los pobres y necesitados (Salmo 72:12-14). Esta era la mayordomía del templo en la sociedad de Israel. Es decir, Dios es etiquetado como aquel que ayuda y hace justicia al huérfano (Salmo 10:14, 18; 68:6, 7; 27:10); *de esta manera el templo ha de cuidar de los más necesitados.* Así una porción de los diezmos debería orientarse para atender a estos más susceptibles de ser explotados (Deuteronomio 14:28). Esta ética social que el templo y su personal deberían seguir no era exclusiva de Jerusalén, sino también se daba en otras sociedades del antiguo Oriente Próximo, como en Mesopotamia, y en Egipto.[61]

---
[61] Stevens, 2006, 135.

Era necesario que el agricultor dispusiera de semillas para sembrar, para así poder pagar sus diezmos, ofrendas, e impuestos con la cosecha. Para ello en algunos casos el préstamo era necesario. Sin embargo, no existe evidencia para aseverar que el templo en Jerusalén proveyera de ellos, pero su estructura podría hacer de esta la escogencia lógica como el lugar para el acceso a un préstamo rápido, como sí sucedió en otros templos del antiguo Oriente Próximo[62] (Amós 2:8; Nehemías 5:3-7). Estos templos del antiguo Oriente Próximo cobraban un interés por debajo de los precios del mercado, y en muchos casos no había una fecha determinada para la devolución.[63] En el caso de los templos mesopotámicos el documento mencionaba al dios como prestamista.[64] En este caso el préstamo funcionaba como una promesa, y encontramos ejemplos en las Escrituras de este tipo de promesas (Deuteronomio 23:22-24; Jueces 11:30, 31; 1 Samuel 1:11, 27, 28).

Sí hay que recordar que los textos bíblicos prohíben el prestar a cambio de crédito entre israelitas o judíos (Éxodo 22:24; Deuteronomio 23:20-21; Levítico 25:35-37). Incluso Deuteronomio (28:43-44) nos apunta a no abusar concediendo préstamos a los más fáciles de explotar en la sociedad (Ezequiel 22:12). Es decir, se motivaba a prestar, sin intereses, partiendo del buen corazón y generosidad de espíritu (Salmo 37:21). Esto implicaba, en el plano social, que nadie estaría dispuesto a prestar si el riesgo era alto. Aunque estaba prohibido, este abuso de los préstamos con intereses se daba entre los israelitas o judíos (Nehemías 5:10-11). Así debía de ser la mayordomía social de Israel.

Al no estar disponible el préstamo con interés, ¿qué hacer para asegurarse de que el préstamo se pagaría? Aquel que lo recibía aseguraba su propiedad o parte de ella, inclusive sus ropas,

---

[62] Stevens, 2006, 149.
[63] Stevens, 2006, 152.
[64] Stevens, 2006, 162.

herramientas, animales, o aun su propia libertad como pago del préstamo (Deuteronomio 24:6, 12, 13, 27; Éxodo 22:25, 26; Job 24:3). Incluso esta práctica de exigir un aval, como demuestran los pasajes, estaba bajo regulación para evitar abusos.

Esta sección argumenta que el templo de Jerusalén funcionaba como una institución económica, como también lo hacían otros templos del antiguo Oriente Próximo, como forma de expresar la mayordomía de Israel como nación. Sin embargo, el templo en Jerusalén tenía algunas características de disimilitud con estas otras naciones, como en el caso de prestar sin interés. Los templos antiguos funcionaban como lugares de oración, donde rituales de múltiples tipos de ofrendas se presentaban, y donde, en sus amplias bodegas, se depositaban grandes cantidades de animales y semillas provenientes de diezmos e impuestos.

El templo en Jerusalén manejaba cantidades extras de producto con los que podía mantener su personal religioso, prestar, alquilar, y hasta negociar la compra de bienes y servicios incluso fuera de sus fronteras. *Por lo tanto, el templo no era necesariamente un banco, como lo entendemos hoy, pero era como un tipo de institución financiera intermediaria.* Es decir, el templo transfería bienes y servicios de unos contribuidores a otros consumidores. Además, el templo podía funcionar como el abastecedor de alimentos en tiempos en que la sociedad o los más necesitados lo requirieran. Esto demuestra que en tiempos antiguos los templos no eran lugares de culto religioso y nada más, sino que eran también instituciones socioeconómicas. Lo religioso nunca puede desconectarse de lo político ni de lo socioeconómico. Dualismos entre lo secular y lo espiritual nunca han tenido lugar en las Escrituras, algo que nuestro Dios nunca ha deseado en sus propósitos redentores para toda la creación. ¿Cumple su iglesia local alguna de estas labores de mayordomía en lo político y en lo socioeconómico? ¿Cómo es de correcto comparar la iglesia del Nuevo Testamento con el templo del Antiguo Testamento, en cuanto a la mayordomía social?

CAPÍTULO 24

El significado religioso y teológico del templo

Juan el apóstol en su revelación, en los capítulos 21:2, 3, 9-27; 22:1-3 de Apocalipsis, nos describe a una ciudad como un jardín en forma de templo, réplica de Ezequiel 40-48. En 21:22, Juan en su visión dice, «No vi ningún templo en la ciudad, porque el Señor Dios Todopoderoso y el Cordero son su templo». Aquí tenemos un resumen muy conciso de la teología del templo en las Escrituras. Así será en el fin, como lo que siempre fue la intención de Dios que fueran las cosas en cuanto a la mayordomía y servicio de su templo. *La intención de Dios siempre ha sido la de morar en medio de su pueblo, y su pueblo ha intentado una y otra vez aprisionarlo en un edificio.* «El tabernáculo del Antiguo Testamento y otros templos fueron simbólicamente diseñados para apuntar a esa realidad cósmica y escatológica sobre la presencia tabernacular de Dios, en un tiempo limitado al lugar santísimo, y que fuera luego extendida por toda la tierra».⁶⁵ Y la visión de Juan en Apocalipsis 21 nos muestra la presencia de Dios llenando el cosmos completamente, tal y como siempre fue el propósito de Dios desde el inicio de la creación.

Los templos del Antiguo Testamento, como en las otras culturas del antiguo Oriente Próximo, eran un simbolismo. Es decir, una representación microcósmica de toda la creación. *El jardín del edén fue el primer arquetipo del templo, que sirvió de modelo para el diseño de los templos para el pueblo de Israel.* Empecemos desarrollando ese simbolismo cósmico de los templos. Israel compartió buena parte de su cosmovisión con las otras culturas del antiguo Oriente Próximo (Egipto, Mesopotamia, etc.) pues compartían elementos generales en su cultura, aunque Israel fuera llamada a ser santa. Vamos a acercarnos a ver la simbología cósmica en el templo, según los israelitas, y luego veremos brevemente la simbología cósmica de las culturas del antiguo Oriente Próximo. Finalmente veremos la simbología teológica del templo tanto en el Antiguo como en el Nuevo Testamento, y concluiremos que Jesucristo es el único capaz de ser entendido como el nuevo templo, el único capaz de contener la santa y pura presencia de Dios en sí mismo; mientras tanto, la Iglesia comparte esa cualidad como Cuerpo de Cristo que busca expandir su presencia para abarcar toda la creación, y todos los pueblos de la Tierra. ¿Cómo busca la iglesia local expandir la presencia de Dios en el mundo, o será que espera que el mundo venga a un templo construido con manos humanas?

---
⁶⁵ Beale, 2004, 25, mi traducción.

CAPÍTULO 25

Simbolismo cósmico de los templos

Apocalipsis 21-22, Juan nos describe al cielo que baja a la tierra como el jardín del edén. Y el jardín del edén es una representación ideal de cómo Dios quería ver toda su creación en cercana relación consigo mismo. En el hebreo la forma verbal de que Dios caminó de un lado para el otro y habló con Adán en el edén (Génesis 3:8), se usa para describir la presencia de Dios en el tabernáculo (Levítico 26:12; Deuteronomio 23:14[15]; 2 Samuel 7:6-7).[66] Esto hace referencia al problema de interpretación de Génesis 2:15 que describe a Adán con características sacerdotales, al «servir» (brindar culto) y «cuidar» (que cosas impuras ingresaran profanando el templo), en vez de «trabajar» y «cuidar» del jardín;[67] de esta forma el jardín del edén podría tener características de templo, en vez de características de huerto. El jardín, así, se convierte en una representación en pequeño de tipo ideal, de lo

---
[66] Beale 2004, 66.
[67] Para detalles de este tema ver Beale 2004, 67.

que el resto del mundo (todo el resto de la creación) debería ser. *En otras palabras, de pronto el cielo nuevo y la tierra nueva se nos presentan como el paraíso que Dios siempre quiso compartir con nosotros.* En el Salmo 78:69 el salmista no expresa que Dios construyó su templo terrenal para ser comparable a su creación, los cielos y la tierra. Los muebles del templo, también, fueron representación de la creación (Éxodo 25:9, 40; 26:30; 27:8; Números 8:4; Hebreos 8:5; 9:23, 24).[68]

Mientras tanto, en las culturas del antiguo Oriente Próximo los templos tenían una simbología cósmica, como para los israelitas. Esta concepción podríamos interpretarla bajo dos puntos de vista. En primer lugar, podríamos decir que los templos israelitas, con algunas similitudes con las religiones del antiguo Oriente Próximo, servían como protesta ante la idolatría: para presentar como un 'verdadero' templo a un 'verdadero' Dios debería lucir (Deuteronomio 32:17; Salmos 106:37). Otra perspectiva, a la que yo más me inclino, es en creer que, a pesar de la desobediencia humana y la caída en el pecado, la imagen de Dios en cada cultura, aunque de manera distorsionada, permanece. Es decir, la gracia proveniente de Dios muestra cómo su Espíritu permanece activo entre culturas y personas no creyentes para atraerlos a la verdad. De esta manera, los templos paganos muestran el deseo humano de buscar lo divino, a pesar de su oscuridad, y su maldad.

Para los egipcios sus templos eran entendidos como el cielo en la tierra. En Mesopotamia el templo construido por el rey Gudea al dios Ningirsu (*ca.* 2112-2004 a. C.) fue un templo construido de acuerdo a las estrellas santas. Considerando este par de ejemplos, podemos notar cómo los templos se consideraban el centro del mundo. Es decir, el templo se consideraba el eje sobre el cual giraba el mundo, donde el cielo (las huestes divinas), la tierra (la creación), y el subsuelo (las huestes de oscuridad) se encontraban.

---

[68] Beale 2004, 32.

Es aquí donde debemos considerar un tema que se desarrollará pronto, y es que antes del tabernáculo y después del jardín del edén Dios se manifestaba en las montañas. *Es decir, los templos representaban el papel de montañas sagradas, donde su cima tocaba los cielos casi todo el tiempo, en sus faldas se encontraba la tierra habitable, y en sus cimientos yacía el inframundo.*[69]

Así, los templos del antiguo Oriente Próximo, como el templo de Jerusalén, podríamos dividirlos en tres grandes partes o patios, empezando desde afuera hacia adentro, que mostraban un grado cada vez más elevado de santidad. Estas secciones o patios del templo simbolizaban las tres partes del cosmos, *i. e.*, la tierra y el mar con sus habitantes, los cielos con sus astros, y la habitación donde Dios mora, un cielo más allá que no podemos ver. Esta división existía en los templos de las culturas del antiguo Oriente Próximo. La única diferencia era que en el lugar santísimo, para los israelitas, no había una imagen de un ídolo, y los rituales de sacrificio no debían ser usados para manipular a Dios; además Dios les había dicho que ninguna estructura humana podría darle un hospedaje digno de su presencia (1 Reyes 8:27; Isaías 66:1).

Así pues, el templo consta de un patio externo, que simboliza el resto de la creación (*e. g.*, los animales y el mar) donde los humanos viven; un patio medio (el lugar santo), que simboliza los cielos visibles y los astros; y, finalmente, un patio interno (el lugar santísimo), que simboliza lo misterioso e invisible del cosmos donde vive Dios con sus huestes celestiales. Recordemos que en Israel, como en muchas culturas, entendían el cielo como el lugar donde moraba Dios literalmente, por encima de las nubes. En detalle podríamos mencionar que el patio externo simbolizaba la tierra visible, y tenía un altar —el altar de la tierra (Ezequiel 43:14; 43:16)— y diez lavamanos (1 Reyes 7:38-39), cuyas bases eran bueyes que representaban la vida en la tierra que rodea al

---

[69] Beale 2004, 52.

mar. El patio medio simbolizaba el cielo visible (al norte del ecuador donde se encuentra Jerusalén), pues allí se encontraban las siete lámparas que representaban las cinco estrellas visibles, más la luna y el sol (*e. g.*, los planetas). Estas estrellas significaban las estaciones del año, y el tiempo de los siete días de la semana. Finalmente, el patio interior representaba esa realidad invisible, una dimensión celestial con querubines guardianes del trono de Dios (Apocalipsis 4:1-11; Isaías 6:1-7; Ezequiel 1; 1 Reyes 6:23-28). Allí solo el sumo sacerdote podía entrar una vez al año, haciendo con incienso una nube tal que le impidiera ver la grandiosa y divina presencia de Dios (Levítico 16:13). Y el arca se entendía como el diván donde Dios ponía sus pies, pues en los cielos en su trono está sentado (1 Crónicas 28:2; Salmo 99:5, 132:7, 8; Isaías 66:1; Lamentaciones 2:1). *De esta manera el templo se asocia con la creación y el firmamento, y con el cielo invisible hacia donde el firmamento apunta.*[70]

El simbolismo en las ropas sacerdotales también tiene mucho que decirnos sobre el simbolismo cósmico. Igualmente, como las cortinas del tabernáculo, la ropa sacerdotal tenía tres colores —azul, púrpura, y escarlata— que reflejaban el cosmos (*e. g.*, representaban los cuatro elementos de la tierra),[71] y las tres secciones del templo (Éxodo 26:36; 27:16; 28:37; 36:37; 38:18; 39:31). Las joyas de la placa que llevaban sobre el pecho los sacerdotes eran un réplica del lugar santísimo que simbolizaba los cielos; las mismas joyas forman parte del nuevo templo-ciudad en Apocalipsis 21 (Apocalipsis 4:3, 21:11, 18-20). Igualmente, los metales preciosos del templo y de las ropas sacerdotales llevaban la intención de representar el cielo y sus estrellas, la gloriosa luz de Dios a quien las estrellas apuntan. Igualmente, los colores (como otros elementos simbólicos del templo) representaban el cosmos, creación de Dios.

---

[70] Beale, 2004, 32-38.
[71] El historiador antiguo Josefo hace referencia a estos aspectos (Ant. 3.180).

Las tres partes del templo representaban las tres partes del cosmos. El patio externo representaba la tierra y el mar, donde los humanos vivían. El patio medio, o lugar santo, representaba los cielos visibles junto a los astros. El patio interno, o el lugar santísimo, representaba el cielo invisible donde Dios y sus huestes celestiales vivían. *De esta manera el templo se convierte en una maqueta o representación de toda la creación*. Igualmente las cortinas del tabernáculo, los colores de las ropas sacerdotales, y las joyas sobre el pecho de los sacerdotes, y los minerales preciosos en sus ropas, apuntaban a los cuatro elementos de la tierra (*e. g.*, aire, agua, tierra, fuego), los astros del cielo, y lo precioso y puro de la tierra que se encontraba a su vez representado en el templo.

Otro aspecto interesante en cuanto a la construcción del tabernáculo y del templo, es su similitud con la creación del cosmos, algo que encontramos en series de siete actividades: «Y Dios dijo», en la creación del cosmos, en Génesis 1:3, 6, 9, 14, 20, 24, 26, y en la construcción del tabernáculo, en Éxodo 25:1; 30:11, 17, 22, 34; 31:1, 12; en los siete años que le llevó a Salomón construir el templo (1 Reyes 6:38), que fue dedicado en el séptimo mes, durante el festival de siete días (1 Reyes 8), en el cual Salomón presentó siete peticiones (1 Reyes 8:31-55). La referencia al número 7 no tiene nada mágico. Este número hace referencia a que Dios descansó en el séptimo día, y el templo se presenta como el lugar donde Dios descansa, y como un rey que no encuentra oposición en su Reino (Salmo 132:7-8, 8-14; 1 Crónicas 28:2; Isaías 66:1; 2 Crónicas 6:41).[72] Otra característica importante de resaltar es cómo *el templo construido por Salomón es descrito con apariencia de jardín* (1 Reyes 6, 7); aun todo lo grabado en madera y metal, desde el tabernáculo hasta el templo, tenía referencias al jardín del edén (Éxodo 25:31-36; 1 Reyes 6:18, 7:20, 22).

---

[72] Beale, 2004, 61.

Para terminar esta sección recapitulemos nuestras observaciones. Primero, el primer arquetipo del templo es el jardín del edén, y el primer arquetipo de sacerdote y rey es Adán. El jardín del edén mantiene sus referencias como lugar donde Dios vivía en cercanía de su creación y de la humanidad. Esa cercanía es anhelada por Dios y los humanos, y busca ser representada simbólicamente en el tabernáculo y en los templos. Sin embargo, los israelitas no son los únicos en considerar esa simbología cósmica para sus templos. *El templo, o los templos, se convierten en reflejos del cosmos creativo de Dios.* Igualmente, otras culturas vecinas del antiguo Oriente Próximo representan sus mitos de la creación en los templos. Los muros, maderos, y metales llevan grabados que representan la belleza de la naturaleza con simbologías religiosas. Sin embargo, el templo israelita tenía características importantes que lo diferenciaban de los paganos templos vecinos: a) la grandeza de Dios no podía ser contenida en un templo hecho por manos humanas, es decir, Dios decidía mantener su presencia en el templo para mostrar su fidelidad; b) el lugar santísimo no contenía ninguna representación, estatua, o ídolo de Dios; el lugar santísimo se mantenía como un lugar de misterio y de santidad; c) por último, Dios no necesita de sacrificios para alimentarse, o para que le manipulen con caprichos. *Dios instaura los sacrificios como forma de recordarle a su pueblo quién es quien provee y protege, y para que el pueblo reconozca su mayordomía.* El nuevo Adán —y sumo sacerdote— nuestro Señor Jesucristo se presentó como sacrificio. Por ello, no estamos llamados a dar sacrificios, sino a ser sacrificios con Jesús en el mundo, al ser el Cuerpo de Cristo. ¿Son nuestras iglesias señal al mundo (*i. e.*, misión) de la primera creación y de la nueva creación de Dios, o más bien funcionan como reuniones dominicales privadas? ¿Cómo demuestra nuestra congregación local la mayordomía cristiana como Cuerpo de Cristo, y no como una pieza de arquitectura?

CAPÍTULO 26

El propósito del templo

En la primera sección de este libro notamos que a Adán y Eva se les comisionó para que fueran administradores de la creación, por tanto capaces de reflejar el reinado de Dios como sacerdotes. Asimismo, el jardín del edén se convierte en el prototipo del lugar donde Dios camina, en estrecha cercanía, con el ser humano (Génesis 1:26-30). Es decir, el rol de Adán y Eva era el de administrar el jardín (*i. e.*, la mayordomía para cuidar, mantener el orden, y alejar cualquier cosa impura). La desobediencia, sin embargo, tuvo consecuencias en esa tarea sacerdotal y real, pues a partir de entonces ellos ya no reflejaban la imagen de Dios. Adán (y Eva) era la imagen de Dios en ese jardín. La siguiente imagen que podría representar a Dios, después de la caída de Adán, es el pacto de Dios con los patriarcas, en quienes recaería la comisión, y así sucesivamente.[73]

---

[73] La fórmula desde Adán hasta los patriarcas, y sucesivamente, es la siguiente: 1) Dios les bendice, 2) Dios les dice: «sean fructíferos y multiplíquense», 3) «llenen la Tierra», 4) «administren la Tierra», 5) «cuiden de toda la Tierra».

Esa comisión se ejecutaría completamente con el nuevo Adán: Cristo mismo.

De esta manera los patriarcas empiezan a construir lo que podríamos llamar santuarios en miniatura, por medio de altares, y suben a las montañas según su estilo de vida nómada. Así fue como Dios se les apareció y su presencia estuvo con ellos. Por ejemplo, Abraham sube Betel y Moriah, Jacob anduvo en Betel, Noé en Ararat, Moisés en Sinaí, David y Salomón en Moriah. Así como el primer templo sí las cumple, el segundo no cumple con las profecías de Éxodo 15:17, 18, y 2 Samuel 7:10-16; el templo se convierte en una realidad escatológica. Es interesante ver las correlaciones entre Levítico 26 y Ezequiel 37 donde se profetiza a Dios plantando su presencia en una estructura similar a un templo (tabernáculo), pues Dios quiere habitar, y caminar entre su pueblo.

Levítico 26: 11, 12 menciona: «Yo pondré mi morada en medio de vosotros, y mi alma no os abominará. Andaré entre vosotros: seré vuestro Dios y vosotros seréis mi pueblo». Esta promesa no es solo para Israel, sino que Ezequiel 37:27, 28 menciona que «Estará en medio de ellos mi tabernáculo; yo seré el Dios de ellos, y ellos serán mi pueblo. Y sabrán las naciones que yo, Jehová, santifico a Israel, pues mi santuario estará en medio de ellos para siempre». Y por su lado, Jeremías 3:17 aclara aún más el templo escatológico: «En aquel tiempo llamarán a Jerusalén "Trono de Jehová", y todas las naciones vendrán a ella en el nombre de Jehová, a Jerusalén; y no andarán más tras la dureza de su malvado corazón».

Tal y como podemos notar el propósito de Dios no era simplemente tener un templo para Israel, sino que dicho templo abarcara los límites para incluir a todas las naciones. Una forma de expresar la mayordomía divina hacia toda la creación. El san-

tuario-jardín no era solamente para Israel, sino para enmarcar a toda la creación. Es sumamente interesante notar en los Judíos esa nostalgia por el edén, por poder regresar para gozar de esa cercanía con Dios. A continuación veremos esos múltiples pasajes en el Antiguo Testamento que apuntan a la transculturalidad del templo.

CAPÍTULO 27

La perspectiva del templo en el Antiguo Testamento

En el Antiguo Testamento, la perspectiva del templo podemos verla en Números 24:5-9, que nos ilustra a Israel presentada de forma metafórica como otro jardín del edén.

> *5 ¡Cuán hermosas son tus tiendas, Jacob, y tus habitaciones, Israel! 6 Como arroyos están extendidas, como huertos junto al río, como áloes plantados por Jehová, como cedros junto a las aguas. 7 De sus manos destilan aguas, y su descendencia tiene agua en abundancia; su rey es más grande que Agag, y su Reino es engrandecido. 8 Dios, que lo sacó de Egipto, tiene fuerzas como de búfalo. Devora a las naciones enemigas, desmenuza sus huesos y las traspasa con sus flechas. 9 Se agazapa y se echa como un león, como una leona. ¿Quién lo despertará? ¡Benditos sean los que te bendigan y malditos los que te maldigan!* (LBA)

No hay duda de que se presenta a Israel como un jardín. Este pasaje nos describe a Israel con vegetación, y aguas que llegan a todos los rincones de la tierra. *Pues así como el Señor planta áloes y cedros (v. 6), así es como Dios planta sus tabernáculos, lo hace sin ayuda humana.* También aquí podemos notar la promesa abrahámica (bendecir y maldecir en Génesis 12:3), y el eco de la comisión adámica (dominio como rey, y Reino).

Ezequiel presenta una descripción similar pero en un tono maligno, pues narra la expansión del reino Asirio que crece para expandirse por todo el mundo (como el edén debió de serlo) pero sin obediencia alguna al pacto. Igualmente, Asiria logra crecer como un imperio pero de manera injusta, y pecaminosa. Ese árbol que abarca el mundo será cortado. Daniel (4:10-12) presenta las mismas imágenes para describir Babilonia y su imperio mundial. Este pasaje demuestra que algunas veces confundimos la prosperidad humana como una bendición de Dios, pero en realidad dicha prosperidad es como flor que se seca y arrebata el viento. Es decir, aun los injustos y pecadores pueden controlar imperios y generar prosperidad, pero sin la ética del Reino esa prosperidad no viene de Dios. Isaías (54) presenta a Israel como el pueblo de Dios al final de los tiempos (*e. g.*, el Cuerpo de Cristo), que recobra su naturaleza floral y arbórea como la del jardín del edén, si se obedece a Dios:

> *2 Ensancha el sitio de tu tienda y extiende las cortinas de tus habitaciones; no seas apocada; alarga tus cuerdas y refuerza tus estacas. 3 Porque te extenderás a la mano derecha y a la mano izquierda; tu descendencia heredará naciones y habitará las ciudades asoladas. 4 No temas, pues no serás confundida; no te avergüences, porque no serás afrentada, sino que te olvidarás de la vergüenza de tu juventud y de la afrenta de tu viudez no tendrás más memoria. 5 Porque tu marido es tu Hacedor («Jehová de los ejércitos» es su nombre). Él es*

tu Redentor, el Santo de Israel, el que será llamado «Dios de toda la tierra». (Isaías 54:2-5, LBA.)

Igualmente, desde Jerusalén se expandirá la tienda (tabernáculo) para abarcar a todo el mundo. La promesa abrahámica aparece de nuevo (ver conexión entre Génesis 28:14 e Isaías 54:3). Recordemos que hay una conexión entre los sinónimos: monte (montaña), tienda, tabernáculo, templo, y el edén como lugares casa de Dios (Miqueas 4:1-4; Ezequiel 28:13, 14; Isaías 2:2, 3, Daniel 2). Y entre tanta conexión, hay que ver la que existe entre Isaías 54:2, 3 y Apocalipsis 21. Pues parece que Juan interpreta Isaías 54 como una gran profecía para el final de los tiempos. También recordemos: *hablamos de un templociudadjardín que abarcara todo el mundo, algo que solo Dios mismo podrá construir.*

Jeremías (3:16-18) también combina la comisión de Génesis 1:28 con la noción de un templo escatológico:

16 Y acontecerá que cuando os multipliquéis y crezcáis en la tierra, en esos días, dice Jehová, no se dirá más: '¡Arca del pacto de Jehová!'. No vendrá al pensamiento ni se acordarán de ella, no la echarán de menos ni será hecha de nuevo. 17 En aquel tiempo llamarán a Jerusalén Trono de Jehová, y todas las naciones vendrán a ella en el nombre de Jehová, a Jerusalén; y no andarán más tras la dureza de su malvado corazón. 18 «En aquellos tiempos irán de la casa de Judá a la casa de Israel, y vendrán juntamente de la tierra del norte a la tierra que hice heredar a vuestros padres. (LBA)

Así todas las naciones se reunirán en Jerusalén, y solo la presencia de Dios podrá ser lo suficientemente santa para ser el nuevo templo, pues Jeremías nos apunta a una futura Jerusalén (como en Isaías 4). Igualmente Zacarías (1:16) predice que Dios regresará a Jerusalén y su casa se reconstruirá. Zacarías 2 tiene su réplica, que la encontramos desde Ezequiel 40-46, con alguien que quiere medir Jerusalén, pues esta será ocupada por una multitud de personas. No habrá murallas pues Dios servirá de ello, su presencia brillará en gloria, y habitará (como tabernáculo) para judíos y gentiles por igual. Daniel 2 nos habla de cómo el Reino de Dios (*i. e.*, Reino mesiánico) destruirá el último reino en la Tierra y la permeará por completo (eco de Génesis 1:26-28).

Hay referencias constantes a que nadie, solo Dios mismo, podrá construir ese templo inclusivo capaz de abarcar a todos los pueblos de la Tierra (Isaías 66:1, 18-24; 2 Crónicas 6:18, 32, 33). *Dios quiere llenar toda su creación, y todos los pueblos de la Tierra con su presencia. Esta es la misión integral de Dios.* El propósito del templo es ser casa de oración para todos los pueblos (Isaías 56:7); y el verdadero templo de Dios está en los cielos (Isaías 63:15) y pronto bajara a la Tierra para generar una nueva creación (Isaías 66:22; Apocalipsis 21:1-6). Por tanto, no es el deseo de Dios que le construyamos templos con manos humanas. *Pues al ser Dios creador del universo, nada creado es suficientemente grande para contener* su *presencia* (Hechos 7:44, 47; Isaías 66).

CAPÍTULO 28

La perspectiva del templo en el Nuevo Testamento

El Nuevo Testamento nos describe a Jesús y su iglesia capaces de hacer lo que Adán, Noé e Israel fueron incapaces de hacer: extender el templo de la presencia de Dios por todo el mundo (Mateo 28:18 y su paralelo en Daniel 7:13, 14). Así el Cristo, en sí mismo, se presenta como el nuevo Adán, el nuevo templo, el rey del Reino de Dios, y su resurrección como la nueva creación. Los Evangelios presentan a Jesús como aquel que destruyó el viejo templo de piedra, y en tres días levantó otro nuevo templo (Mateo 26:61, 27:40; Marcos 14:58; 15:29; Juan 2:20, 21). Sus seguidores representaban, como Cuerpo de Cristo, ese concepto de un templo vivo, pues personificaban la nueva creación.

En los Evangelios sinópticos (Mateo, Marcos, Lucas) se nos presenta a Jesús como una figura adámica, es decir como el nuevo Adán (ver paralelos en Mateo 28:19, 20 con Génesis

1:26-28, y su relación con 2 Crónicas 36:23). El propósito del primer capítulo de Mateo es presentar a Jesús como el iniciador de una nueva era, la nueva creación, que comenzaba con la Encarnación. Lucas, por su lado, hace lo opuesto. Lucas empieza con Jesús, presentándole como el último Adán (3:38).

En estos Evangelios sinópticos encontramos otros simbolismos. Por ejemplo, los 40 días y 40 noches de la tentación de Jesús en el desierto presentan su analogía con los 40 años que pasó en el desierto el pueblo de Israel. Cada respuesta de Jesús a Satanás está tomada de la respuesta de Moisés a las faltas de Israel en el desierto (Deuteronomio 8:3, en Mateo 4:4; Deuteronomio 6:16, en Mateo 4:7; Deuteronomio 6:13, en Mateo 4:10). Jesús se presenta como aquel capaz de vencer en lo que Israel falló. Igualmente, Jesús se nos presenta como aquel que no solamente resistió las tentaciones que Adán y Eva no pudieron resistir, sino también aquel que fue capaz de vencer al mismo Satanás.[74] Después de vencer al malvado, Jesús cumple la promesa de Isaías sobre restaurar a Israel (Mateo 4:12-16). Así como lo hizo Yavé, Jesús reúne de manera microcósmica (en representación de las 12 tribus) a 12 discípulos.

Mateo nos presenta a Jesús subiendo a un monte y predicando las bienaventuranzas como una nueva ley (5:1-12). En ambos casos Jesús se representa como el nuevo Moisés. *Al ser Jesús la nueva creación, y al ser el templo simbolismo de creación, al Cristo se le presenta como el Templo de Dios en sí mismo. El pueblo de Dios, como Cuerpo de Cristo, los discípulos son enviados a expandir el templo sobre toda la Tierra* (ver paralelos en Mateo 28:19, 20 con Génesis 1:26-28, y su relación con 2 Crónicas 36:23). *Es más, Jesús es más grande que cualquier templo, pues la manifestación de Dios es su predilecta* (Mateo 3:16-17). *Esto demuestra algunos simbolismos en los que Jesús se presenta como superior a Adán, Moisés, y al mismo templo de Jerusalén.*

---

[74] Beale, 2004, 171-172.

En el Evangelio de Juan, lo que Mateo presenta al final (26-27), Juan presenta al inicio (2:14-22), como Jesús limpiando el templo, y promete un nuevo templo con su resurrección. Su resurrección marca el primer acto visible de la reconstrucción del templo (cumplimiento de 2 Samuel 7:12, 13; Isaías 53:5; Zacarías 6:12, 13). Sería un error fatal concluir que Jesús era simplemente como un templo. Jesús no era como un templo, sino Jesús 'es' el templo, pues en Él yace la presencia de Dios.[75] Otra imagen del templo se encuentra en Juan 7:37-39, donde Jesús es capaz de saciar la sed de las personas, como ríos de agua viva, que fluyen del lugar santísimo del templo.

En cuanto al libro de los Hechos, con alusión a Génesis 10, y lo anticipado por Lucas (10:1-12) las tribus de Israel son enviadas a todos los pueblos de la Tierra para expandir la presencia de Dios en todo el mundo; con el Pentecostés esto se hace realidad. Recordemos que el Pentecostés tomó lugar alrededor del templo en Jerusalén. En Hechos 2 se encuentra una conexión opuesta con Génesis 10-11. En la torre de Babel, Dios en juicio esparce los pueblos por toda la Tierra, mientras que en el Pentecostés Dios une a todos los pueblos de la Tierra. «Bajo el reinado de Jesús y a través del poder de su Espíritu los representantes de estas naciones fueron esparcidos otra vez para someter los poderes de maldad, y llenando la tierra con la presencia de Dios».[76]

Otro elemento interesante durante el Pentecostés es que se relaciona con Génesis 10 en cuanto a las 70 naciones de la tierra (*i. e.*, símbolo de todos los pueblos étnicos de la tierra), los 70 ancianos que profetizaron en Números 11 y en Lucas 10 en relación con Hechos 2. En el Antiguo Testamento solo los sacerdotes que servían en el templo, o los que

---

[75] Beale, 2004, 195.
[76] Beale, 2004, 203.

tenían alguna relación con el templo, como los profetas y los reyes podían recibir ese don del Espíritu. Pedro en su sermón (Hechos 2) une dos profecías. Joel (2:28, 29) expresa que el Espíritu caerá sobre toda criatura, e Isaías (2:2) expresa las muchas naciones alrededor del templo. *De esta manera, con Pentecostés se inicia la expansión de la presencia de Dios sobre todo rincón del planeta.*

También tenemos el testimonio de Esteban ante las autoridades del templo. Esteban (Hechos 7) hace referencia a Isaías 66:1. Incluso en Isaías 66:18-21, se dice que Dios hará de gentiles sacerdotes. Los judíos al ser exclusivos rechazan el plan de Dios de expandir su templo (*i. e.*, su presencia). Con juicio divino, Esteban señala que Jesús destruirá el templo llevando a terminación las costumbres mosaicas. *La inclusión de Dios al recibir gentiles como sacerdotes significa que el templo ya no tiene una ubicación geográfica, no hay un lugar exclusivo para el verdadero culto que ahora se ha de expresar en diferentes culturas y zonas geográficas. El viejo templo construido con manos humanas (i. e., la vieja creación) se contrasta con el templo hecho sin manos humanas (i. e., la nueva creación). El Cuerpo de Cristo, el pueblo de Dios (i. e., la iglesia bajo la presencia del Espíritu) se convierte en un tipo de tabernáculo móvil que apunta a un templo escatológico que ha de venir.*

La inclusión de Gentiles por parte del concilio de Jerusalén fue un gran paso para la iglesia. Hechos 15:16, 17 nos recuerda a Amós 9:11, 12, refiriéndose a que un día Dios reconstruiría el templo de David para que todos los pueblos, judíos y gentiles tuvieran acceso a Dios. Esto nos recuerda, que la idea de que los gentiles tendrían acceso a la presencia de Dios en el templo en una época mesiánica, es clara en los profetas (Salmos 96:7, 8; Isaías 2:2, 3; 25:6; 56:6, 7; 66:23; Jeremías 3:17; Miqueas 4:1, 2; Zacarías 14:16). Hechos 15 hace referencia a Levítico 17, donde los gentiles deberían ser purificados por la fe en Cristo, no por la ley y el viejo templo, y deberían mantenerse alejados de toda idolatría.

Pablo, por su parte, en 1 Corintios 3:10-15 y en 2 Corintios 6:16-18, compara al pueblo de Dios con el templo de Dios, y Cristo como el maestro de obras, y a la vez como la base y sostenimiento del templo (Éxodo 35:31, 32). Pablo, igual que Pedro (1 Pedro 1:23; 2:7) presenta esta concepción del templo, como la congregación, donde el templo se compara a un jardín, y los fieles creyentes son ilustrados como árboles plantados y creciendo sobre la firme base de la roca, quienes un día serán juzgados (ver referencias a Salmos 92:12-15; y Malaquías 3, 4).

A continuación veremos en los siguientes cuadros como «Pablo compara la iglesia con el templo porque la entiende como el cumplimiento de lo que dará inicio al esperado templo de los últimos días»,[77] según su comparación con varios pasajes del Antiguo Testamento:[78]

---

[77] Beale, 2004, 253.
[78] Beale, 2004, 254.

Levítico 26:11, 12	Ezequiel 37:26, 27	2 Corintios 6:16b
11 Yo pondré mi morada en medio de vosotros, y mi alma no os abominará 12 Andaré entre vosotros: seré vuestro Dios y vosotros seréis mi pueblo	26 Haré con ellos un pacto de paz; un pacto perpetuo será con ellos. Yo los estableceré y los multiplicaré, y pondré mi santuario entre ellos para siempre 27 Estará en medio de ellos mi tabernáculo; yo seré el Dios de ellos, y ellos serán mi pueblo	16 ¿Y qué acuerdo hay entre el templo de Dios y los ídolos? Y vosotros sois el templo del Dios viviente, como Dios dijo: «Habitaré y andaré entre ellos; yo seré su Dios y ellos serán mi pueblo»
Isaías 52:11	**Ezequiel 11:17; 20:34, 41**	**2 Corintios 6:16b**
11 ¡Apartaos, apartaos, salid de ahí, no toquéis cosa inmunda! ¡Salid de en medio de ella, purificaos los que lleváis los utensilios de Jehová!	11:17 Di, por tanto: «Así ha dicho Jehová, el Señor: Yo os recogeré de los pueblos, os congregaré de las tierras en las cuales estáis esparcidos y os daré la tierra de Israel» 20:34 Os sacaré de entre los pueblos y os reuniré de las tierras en que estáis esparcidos, con mano fuerte y brazo extendido, y en el ardor de mi ira; 41 Como incienso agradable os aceptaré cuando os haya sacado de entre los pueblos y os haya congregado de entre las tierras en que estáis esparcidos; y seré santificado en vosotros ante los ojos de las naciones	16 ¿Y qué acuerdo hay entre el templo de Dios y los ídolos? Y vosotros sois el templo del Dios viviente, como Dios dijo: «Habitaré y andaré entre ellos; yo seré su Dios y ellos serán mi pueblo»

Aun más, en Efesios 2:19-22 encontramos una descripción muy explícita de la iglesia como el templo, posiblemente una de las descripciones más claras:

> *19 Por eso, ya no sois extranjeros ni forasteros, sino conciudadanos de los santos y miembros de la familia de Dios, 20 edificados sobre el fundamento de los apóstoles y profetas, siendo la principal piedra del ángulo Jesucristo mismo. 21 En Él todo el edificio, bien coordinado, va creciendo para ser un templo santo en el Señor; 22 en quien vosotros también sois juntamente edificados para morada de Dios en el Espíritu.* (LBA)

Pablo aquí busca demostrar no a la iglesia como análoga al templo, *sino a la iglesia como el cumplimiento de todas las expectativas del Antiguo Testamento en cuanto al templo en los últimos días*. La profecía del retorno de Israel de la cautividad en Isaías 57, Pablo la toma para presentar el cumplimiento de ver a judíos y gentiles (*e. g.*, recordemos que los gentiles aún ministrarán como sacerdotes en Isaías 56:6) respondiendo en fe a Cristo, pues en la nueva era ambos adorarán juntos en el templo de Dios.

En Colosenses (1:6, 10) la promesa de Génesis 1:28, que se repite, como ya vimos, numerosas veces por todo el Antiguo Testamento, demuestra que los nuevos creyentes son benditos con el favor de la presencia de Dios. Así, Pablo interpreta ese pasaje de Génesis más allá de una simple una referencia a la reproducción humana. La iglesia crece y se multiplica, pues esta se construye sobre Cristo, y es el mismo Cristo quien la construye (*e. g.*, Salmo 67:16, 17 —versión LXX— con Colosenses 1:19). Pues es el Señor el que hacer crecer y multiplicar su obra (*e. g.*, igual que en Hechos 6:7, 12:24, 19:20).

Por su parte, 2 Tesalonicenses 2 trata sobre las falsas enseñanzas y del anticristo. De modo aparente, en el momento que el autor escribe esta carta (y haciendo referencia a Daniel 11, 12), había falsos maestros que enseñaban que la segunda venida de Cristo ya había tenido lugar. Algunos hoy creen que las profecías de la reconstrucción de Israel y su templo deberían tomarse de manera literal. Es decir, se refieren a la reconstrucción física del templo en Jerusalén poco antes de la segunda venida de Cristo. Este pasaje se podría leer de forma diferente, si lo entendiéramos en el contexto de la destrucción del templo de Jerusalén (70 d. C.), si el templo que debe ser reconstruido al que se refiere se trata de la iglesia, y la apostasía del anticristo tiene lugar en la iglesia y no sobre un templo físico. Fuera de 2 Tesalonicenses, diez veces se menciona en el Nuevo Testamento la frase «el templo de Dios»; solo una vez se hace con referencia al templo físico de Israel (Mateo 26:61), y esta referencia se da para indicar el cambio en la historia redentora hacia el templo que estaría por venir en la resurrección de Cristo. *En otras palabras, el templo físico de Jerusalén no era más que la sombra de lo que vendría a ser Cristo y su pueblo como el nuevo templo.*

Hebreos, por su lado, discute el tema del tabernáculo y el templo más que ningún otro libro del Nuevo Testamento, exceptuando quizás el Apocalipsis.[79] Este libro empieza subrayando la supremacía de Cristo por encima de cualquier ángel o humano (1:3; 2:16), de Moisés (3:1-6), de Josué (4:6-11), y, finalmente, la superioridad sobre el sacerdocio de los levitas y el antiguo pacto (7:1-28). Ya en el capítulo 8:1-5 el autor de los Hebreos empieza a argumentar que Jesús es el supremo sacerdote, y ministro del santuario y del verdadero tabernáculo en los cielos (8:2). Recordemos que el tabernáculo en la Tierra, no era más que una sombra del que estaba en los cielos. Así podríamos hablar de un templo simbólico (9:8-10), un modelo a escala hecho con manos humanos, a diferencia del templo real (9:11). En el capítulo 10:19, 20 el autor identifica a Jesús

---

[79] Beale, 2004, 293.

con el velo del templo, la nueva revelación en Monte Sión (*i. e.*, la Jerusalén en el cielo) y la referencia con Hageo (2:3-9) en 12:22-29, que a la vez se refiere a Éxodo 19:5, 6 y 33:14-17.[80]

Por último, Apocalipsis desarrolla el tema del templo en el capítulo 11. Allí, se cumple la promesa de que la presencia de Dios, al final de los tiempos, empezará con el establecimiento de la comunidad cristiana en el primer siglo. De esta manera la profecía en Ezequiel 40-48 debe interpretarse a la luz de Hebreos 10:1-12, pues allí también apunta Apocalipsis. La iglesia simboliza los candelabros (Apocalipsis 11:1-13) como parte del templo al ser el Cuerpo de Cristo. En Apocalipsis (11:1-2) *la iglesia es un templo por su identificación con Cristo, quien es el verdadero Templo.*[81] *La iglesia no es un edificio sino que como Cuerpo de Cristo se edifica para participar de la misión de Dios en el mundo.*

---

[80] Beale, 2004, 305-306.
[81] Beale, 2004, 324.

CAPÍTULO 29

Concluyendo este segmento

Para resumir esta sección, diríamos lo siguiente: Dios creó el cosmos para ser su gran templo y descansar en él. Su meta es que lo más sublime de su creación, sus agentes mayordomos en la Tierra (*e. g.*, Adán y Eva), a quienes instaló en el jardín-santuario, fuera el inicio para extender su presencia a todo el resto del mundo. Pues la intención de Dios es que, algún día, cada milímetro de su creación se llenara con su presencia para que todos disfrutaran como Adán y Eva disfrutaban de esa presencia en el edén. El pecado hizo que la presencia de Dios fuera rechazada, aunque de alguna manera anhelada. Esa presencia tan majestuosa y santa, sin embargo, no se puede contener en un edificio hecho de manos humanas pecadoras. Por tanto, solo Dios mismo puede poner manos a la obra y hacer su propio templo en la persona en Cristo.

Solamente algo puro que representara una nueva creación podría contener de nuevo la presencia de Dios. La presencia de

Cristo como un nuevo Adán o un nuevo Moisés, como nueva creación, se convertiría en aquel capaz de ofrecernos la presencia y la palabra de Dios en un tiempo y espacio determinados. En Cristo, Dios plantó su tienda en medio de nosotros, y en el Espíritu Santo todo ser humano puede llenarse y santificarse con su presencia. De igual manera, la iglesia como Cuerpo de Cristo, al estar llena del Espíritu, tiene la misión de Dios de servir como templo llevando la presencia de Dios a todos los rincones de la Tierra. La resurrección de Cristo fue la máxima expresión del templo del final de los tiempos, y al ascender al cielo el Espíritu descendió, y el pueblo de Dios, el Cuerpo de Cristo, es ahora ese templo que refleja y presenta la presencia de Dios en todo pueblo y nación. Todos los creyentes ahora sirven como sacerdotes, mediadores entre Dios y el mundo incrédulo. *No es necesario reconstruir ningún tabernáculo, ni es necesario tener apóstoles o profetas mediadores de la cobertura, bendiciones, o unciones de Dios. La iglesia está llamada a extender los límites del nuevo jardíntemplo hasta que Cristo regrese* (Efesios 4:13-16); *de ninguna manera esta llamada a construir templos para la administración ególatra de sus líderes terrenales. La iglesia debe orientar sus recursos, expresando su mayordomía para cumplir con la misión de Dios, y no para servirse a sí misma.*

PARTE VI

En cuanto a los superapóstoles, profetas y megaiglesias

En esta sección veremos una serie de reflexiones contemporáneas que incluyen observaciones al movimiento neoapostólico y a la manera como funcionan las falsas profecías, el problema de la megaiglesia y el profesionalismo del culto; trataremos el tema de las finanzas en la congregación, y terminaremos con los temas de la salvación como *shalom* y de la respuesta de la iglesia desde la mayordomía cristiana.

CAPÍTULO 30

¿Hay apóstoles en la iglesia de hoy?[82]

Usted asiste a una iglesia y tiene un pastor o una pastora o varios pastores. Quizás hasta tiene ancianos y diáconos. Sin embargo, un día su pastor decide asistir a un retiro de pastores en una megaiglesia, y regresa expresando el cambio espiritual y la renovación que experimentó. De repente, el universo eclesiástico se cambia de modo notable. Él ahora empieza a hablar del «Ministerio quíntuple» y especialmente sobre el nuevo apostolado que el Señor le ha regalado a la iglesia. Proclama que el Espíritu le ha mostrado que su iglesia debe estar bajo la «cobertura» de un apóstol, y sin ello, no experimentará la bendición del Señor.

El pastor ahora dice que Dios está restaurando la estructura de la iglesia mundial según Efesios 2:20. En pocas palabras, si su iglesia no está edificada sobre el fundamento de los após-

---

[82] Este artículo se escribió en conjunto con el Dr. Gary Shogren y se publicó en agosto de 2008 en el blog Biblia.com, que ya no existe en la actualidad.

toles y profetas actuales, no experimentará fruto espiritual. El nuevo apóstol de la iglesia local aparece al poco tiempo y promete toda una serie de bendiciones, renovación, familias restauradas, templos llenos, el mundo convertido, y, por supuesto, prosperidad. ¡Todo siempre y cuando la iglesia esté sometida a la autoridad del apóstol! Cualquier cosa que falte en su iglesia local la atenderá la presencia de un apóstol.

La cuestión fundamental es ¿quién decide si hay apóstoles hoy en día? Estamos de acuerdo con la declaración de Pablo en 1 Corintios 12:11, que al Espíritu Santo le corresponde tal decisión. Además, entendemos que el Espíritu opera según su propia palabra, la Biblia. Es preocupante que no todos piensen así. Un famoso apóstol centroamericano una vez dijo, «Los demás estudian la teología; ¡yo atiendo al Espíritu Santo!» ¿No cree que el mismo Espíritu nos regaló la Biblia para aprender de sus caminos? El único Espíritu nos dirige, e inspiró los Hechos y las cartas de Pablo para guiarnos.

Pensemos en las preguntas más comunes que se hacen con respecto a este tema del apostolado:

Empezamos con el significado de la palabra 'apóstol' en las Escrituras. En el griego koiné, el idioma en que originalmente se escribió el Nuevo Testamento, se nos presentan dos palabras. En 83 oportunidades se presenta *apóstolos* (apóstol) y en cuatro se nos habla de *apostolé* (apostolado). Un 'apóstol' denota la persona, mientras 'apostolado' indica el oficio. 'Enviar' (*apostelló*) es el verbo usado detrás de 'apóstol' lo que significa que los apóstoles predicaron el Evangelio como viajeros. La perspectiva bíblica nos presenta alguien enviado con autoridad, pero con énfasis en quién lo envía. Es decir, el mensaje y quién lo envía es más importante que el mensajero mismo: los apóstoles, que son enviados a representar a Cristo con autoridad divina, deben reflejar no solo el poder, sino también la moralidad de Cristo.

La Coalición Internacional de Apóstoles (ICA, por su denominación en inglés), sin embargo, define un apóstol como el nuevo líder para la iglesia: «Un apóstol es un líder cristiano, al cual Dios dotó, enseñó, comisionó y envió con la autoridad necesaria para establecer el gobierno fundacional de la iglesia dentro de una esfera de ministerio asignada; oye lo que el Espíritu dice a las iglesias y "corrige lo deficiente" para logar el crecimiento y madurez de la iglesia».

También Wagner en su libro *Apóstoles hoy* menciona:

«Los apóstoles son apóstoles, no por ser perfectos, sino porque han cumplido con las normas de santidad y humildad que Dios ha dispuesto.... En realidad de los requisitos descriptos el primero y el ultimo, 'carácter intachable' que significa ser irreprensible y 'tener un buen testimonio entre los hombres'».[83]

«El orgullo es un obstáculo para el ministerio apostólico, y debemos recordar que la tentación siempre está presente, dada la cantidad inusual de autoridad depositada en los apóstoles... los verdaderos apóstoles manifiestan su ministerio apostólico mediante su humildad».[84]

«... ninguna persona puede ser un verdadero apóstol sin ser, a su vez, un sirviente».[85]

Sin embargo, no hay evidencia bíblica que indique que los doce apóstoles eran los dirigentes, o la cabeza de la iglesia primitiva. Leyendo el libro de los Hechos vemos que los apóstoles no eran oficiales líderes de la iglesia sino que los había enviado Cristo para ayudar en la edificación de la iglesia, no para dirigirla o comandarla. Luego, si hay algo en este movi-

---

[83] Wagner, 2002, 32, 36.
[84] Wagner, 2002, 37.
[85] Wagner, 2002, 77.

miento neoapostólico que haya dividido la iglesia es el abuso espiritual y económico por parte de apóstoles llenos de orgullo, de carácter tachable, y de mal testimonio.

Otro tema tiene que ver con la sucesión apostólica: ¿eran doce apóstoles o eran más? Cristo escogió a doce para que sirvieran como sus enviados especiales representando a las doce tribus de Israel. Con la muerte de Judas, los demás siguieron el consejo del Antiguo Testamento y oraron; «la suerte cayó sobre Matías; y fue contado con los once apóstoles». Los Hechos no dan ninguna indicación de que la selección de Matías fuera un error ni de que Pablo debía ser el decimosegundo.

Igualmente, no hay ninguna referencia sobre reemplazar a aquellos que iban muriendo, como, por ejemplo, Jacobo en Hechos 12:2. Además, la visión de la nueva Jerusalén en Apocalipsis 21:14 implica que el número 12 aparecía de manera constante. Cuando Pablo reclamó ser reconocido como apóstol, se consideró a sí mismo «por último, como a un abortivo», *i. e.*, 'nacido fuera de tiempo' (1 Corintios 15:8), o sea, no como uno de los doce.

Es decir, sí había unas personas quienes se llamaban apóstoles, probablemente en el sentido más genérico de 'enviado': por ejemplo, Andrónico y Junias en Romanos 16:7; Tito y ciertos otros hermanos en 2 Corintios 8:23; Bernabé en Hechos 14:14. Ellos no escribieron el Nuevo Testamento, ni tuvieron autoridad apostólica sobre las redes de iglesias. Más bien fueron los enviados o pioneros del Evangelio. Para captar el uso de los términos, podemos hablar de los «Doce Apóstoles» (en mayúscula), más Pablo como el último, más una cantidad de 'apóstoles'. (en minúscula).

Ahora bien, ¿cuáles son las características de un Apóstol (en mayúscula) según la Biblia?

Primero: la mejor definición de apóstol (los doce más Pablo el «abortivo») se encuentra en Hechos 1:21-22: «Es necesario, pues, que de estos hombres que han estado juntos con nosotros todo el tiempo que el Señor Jesús entraba y salía entre nosotros, comenzando desde el bautismo de Juan hasta el día en que de entre nosotros fue recibido arriba, uno sea hecho con nosotros testigo de su resurrección».

Segundo: Pablo enfatiza que el apóstol verdadero hace milagros (2 Corintios 12:10). En Hechos 1, Pablo también afirma que los apóstoles han visto al Señor resucitado (1 Corintios 9:1). Podemos entonces concluir de la Biblia esta definición: *un Apóstol es un enviado especial de Cristo, a quien ha llamado de modo directo, dotándolo de un don específico; es testigo ocular de la resurrección y se dedica a transmitir la doctrina de Dios.* También se puede ver que un apóstol predica, hace milagros, es pionero, sufre mucho, es ambulante (viajero). Es el llamado de Dios y el Espíritu lo ha dotado con ese don.

Esto es importante de rescatar, pues Pablo, en 2 Corintios 11, nos habla de los falsos apóstoles, ¿Qué características tienen los falsos apóstoles? Pablo nos describe a los «falsos apóstoles» o «superapóstoles» como aquellos que

- proclaman «un Evangelio diferente»;
- tienen habilidad de palabra, pero no de conocimiento;
- estos superapóstoles tienen algo que ver con el abuso al apoyo económico (11:8), lo que indica que los falsos apóstoles tienen como pretensión hacer dinero, por encima de servir a la iglesia con sacrificio y humildad.

Según lo que anteriormente vimos en la descripción de un apóstol, ¿qué contraste vemos con los apóstoles de hoy en día? C. Peter Wagner, de la Coalición Internacional de Apóstoles, ha sido un impulsador muy formativo en esta área del movimiento neoapostólico. Wagner dice que Efesios 4:11 habla del ministerio quíntuple, el cual es necesario para edificar la iglesia de hoy. Wagner define un apóstol también como un líder que ejerce autoridad extraordinaria sobre cierto número de iglesias en cuanto a asuntos espirituales.

En otro lugar, Wagner dice que él había decidido no incluir en su definición estos tres puntos bíblicos: *señales y milagros, ver a Jesús cara a cara y fundar iglesias*. A nuestro parecer, esto es un poco extraño, que él redefina 'apóstol' eliminando las características que Pablo solía enfatizar, y la única característica que Pedro y Pablo subrayaron: ser testigo ocular del Cristo resucitado. También, Wagner no cree que los apóstoles modernos deban revelar nuevas doctrinas; no habla de sufrimiento ni de ser viajeros. Es cierto que, ¡'apóstol' por definición significa 'enviado'!, pero no enviado a conferencias, ni para ser pastor de una megaiglesia, sino a lugares sin una presencia evangélica para hacer el trabajo duro de Dios. Entonces, ¿por qué llamar a una persona 'apóstol', si no hace nada especialmente relacionado con los Apóstoles ni —y se debe mencionar— con los 'apóstoles', en minúscula, como Andrónico y Junias?

Parece que la intención de algunos que se autoproclaman apóstoles es convertirse en los líderes de todas las iglesias. Estos apóstoles creen que las denominaciones son cosa del pasado, y que todas las iglesias deben someterse a ellos. Un famoso apóstol, por ejemplo, dice que no habría avivamiento en nuestro país hasta que todos sus pastores se sometieran a su autoridad.

Finalmente, veamos algunas observaciones sobre algunos de los apóstoles de hoy:

1) *Existe un anhelo de ser reconocido como 'apóstol' y hay una cantidad de nuevas jerarquías de apóstoles.* Si consideramos que solo hubo una docena en los primeros días —y la mayoría murió en pocas décadas— parece haber un número desproporcionado en nuestros días y va en aumento rápidamente. Uno de los puntos de Pablo en 1 Corintios 9 o en 2 Corintios 10-12 es que el apostolado es por definición un don muy poco común, y que el

don verdadero es poco deseable. Sin embargo, muchos quieren ser llamados apóstoles. Actualmente existe toda una jerarquía entre los mismos apóstoles, pues los que se encuentran arriba de la pirámide se llaman 'generales apóstoles'. ¿Me imagino que han de existir sargentos, tenientes, y coroneles apóstoles?

2) *'Apóstol' se define hoy en términos de autoridad y control, tanto como un obispo.* ¿De dónde vino el concepto de tener un obispo, es decir, un pastor de un área metropolitana quien tiene control sobre las iglesias en su región? Es difícil probar el concepto de la Biblia. Sin embargo, el concepto es sumamente claro en las cartas de un padre de la iglesia primitiva, Ignacio de Antioquía (107 d. C.). Afirmó la doctrina de que estar en conformidad con el obispo es la manera de alcanzar una iglesia santificada: «... para que estando perfectamente unidos en una sumisión, sometiéndoos a vuestro obispo y presbítero, podáis ser santificados en todas las cosas» (a los Efesios 2). Esto fue un paso hacia el sistema romano; por eso, un título del papa es «sucesor de San Pedro, príncipe de los apóstoles». Es el concepto de 'cobertura', de que cada pastor debe trabajar bajo la autoridad de un apóstol, concepto que es paralelo a la obediencia de las iglesias al obispo.

La enseñanza apostólica en la Biblia nos indica que el gobierno de las iglesias se quedó en las manos de colegios de ancianos o presbíteros o 'vigilantes' o 'líderes' (mal traducido como 'obispo' en algunas versiones; véase el caso de Éfeso, Hechos 20:17, 28; 1 Timoteo 3:1, 2; y el de Creta, Tito 1:5). En los pasajes claves que describen su puesto, lo valioso es ser una persona santa (¡especialmente en su vida financiera!) y de buena doctrina (véase Hechos 20:17-35; 1 Timoteo 3:1-7; Tito 1:5-9; 1 Pedro 5:1-4). Frank Viola, concluyendo de estos pasajes, nos dice que los pastores del Nuevo Testamento eran personas de un carácter moral probado, buscadores del Reino y no constructores de imperios eclesiales.

3) *Algunos apóstoles de hoy aparentan impartir nuevas enseñanzas.* Cierto que muchos 'neoapóstoles' rechazan esta tendencia. Sin embargo, en otros casos particulares parece que inventan nuevas doctrinas, o cambian o aumentan las nuestras, especialmente en cuanto a la naturaleza de la guerra espiritual, espíritus regionales, la segunda venida de Cristo, o la manera de adoctrinar a la iglesia. En particular, unos descubrieron doctrinas del Antiguo Testamento, introduciendo al nuevo pacto doctrinas de otra época. En términos pragmáticos, la revelación de una doctrina enterrada es igual a promulgar una doctrina nueva.

4) *El apostolado moderno no tiene el vínculo bíblico fuerte con el sufrimiento físico.* Los auténticos apóstoles sufren, y punto. Sí, los apóstoles de hoy se quejan que son perseguidos por quienes cuestionen su don; esta no es la persecución, sino el discernimiento de que el Señor siempre nos exige: «no creáis a todo espíritu, sino probad los espíritus si son de Dios» (1 Juan 4:1).

El apóstol Pablo sufrió de una manera casi increíble, y lo mencionó como una prueba de su apostolado. Sin embargo, también habló de cosas cotidianas (1 Tesalonicenses 2:8-9). Pablo no nos habla de estar agotado por asistir a conferencias, sino por trabajar con sus propias manos, de noche y de día. La gente se burlaba de él por no tener trajes caros ni una postura autoritaria. Él nunca respondió que «yo trabajo duro y creo que el Señor quiere que yo tenga cosas caras». No se quedó en las suites presidenciales para mantener su privacidad.

Todo el mundo conoce la tendencia moderna de buscar nuevos títulos para elevarse por encima de los demás. Algunos de estos apóstoles disponen de doctorados no reconocidos por ninguna autoridad académica. Por supuesto, hay algunos que ejecutan el don de apóstol en humildad, sin exigir el titulo. Sin embargo, los apóstoles por lo general han llegado a merecer rápidamente la reputación de ser 'superapóstoles' (2 Corintios

11:5). Entonces, retamos a cualquier neoapóstol que lea esto a que renuncie a su título, venda sus carros, quítese los anillos y se ponga ropa simple, a que visite a pie los barrios de su ciudad, solo, sin cámaras, sin gritos de victoria, solo compartiendo la Palabra, orando por los enfermos, alimentando a los hambrientos. Le retamos a que asuma el título de *siervo de Dios* con humildad.

Entonces, regresamos a nuestra iglesia, donde el pastor acababa de regresar con algo nuevo. Uno puede aprender mucho sobre un apóstol por lo que pide a su gente. Si alguien le pide su dinero u obediencia (*e. g.*, a cambio de milagros o bendiciones), usted tiene el derecho de negarse, hasta que el líder le demuestre con la Biblia que en realidad no se trata de un 'superapóstol' o falso apóstol como lo menciona Pablo. La gracia de Dios no requiere dinero a cambio. Cristo es quien merece obediencia, y aunque su iglesia necesite de su apoyo económico, usted tiene el derecho de verificar que su dinero se esté utilizando sabiamente, sin enriquecer a un líder cuando hay personas necesitadas. Usted, como miembro del real sacerdocio (1 Pedro 2:9) es por definición una de las personas ungidas del Señor. Usted tiene tanto el derecho como la responsabilidad de pedir prueba bíblica. Usted no tiene que soportar insinuaciones ni acusaciones de que es rebelde contra el plan divino, nuevamente revelado. La frase «no toquéis al ungido del Señor» se aplica tanto a su persona como a cualquier cristiano.

CAPÍTULO 31

La cobertura espiritual

Este término de la cobertura se ha tornado muy común entre el movimiento neoapostólico de las iglesias neopentecostales, pero su significado es muy amplio y variado. 'Cobertura' se puede explicar como protección espiritual y mentoría que una persona espiritualmente más fuerte da a otras, en muchos casos a cambio de dinero y lealtad absoluta. La imagen más común de 'cobertura' es la de un paraguas. Cuando llueve, si estás debajo del paraguas, no te mojas. Si no se tiene tal protección y llueve, desafortunados los que se mojan. Permítanme ilustrar la multiplicidad de significados para 'cobertura', según aquellos que utilizan este término. Para ello pensemos en un *continuum*: en ambos extremos los significados nos marcan sus límites.

¡Hagamos un *continuum* mental, una línea cualquiera que va de un extremo a otro! Al extremo izquierdo podríamos entender que 'cobertura' puede significar «orar el uno por el otro» como tipo de grupo pequeño, mentoría o dirección espiritual. Este extremo es menos común, y se da cuando un grupo o un par de pastores o hermanos o hermanas deciden apoyarse mutuamente en oración. El otro extremo es el más preocupante, y al que le voy a dedicar más crítica y atención. Al extremo derecho tenemos que 'cobertura' puede también significar «comprar un tipo de seguro o protección espiritual». Este tipo de protección espiritual la brindan *chamanes* evangélicos a aquellos que paguen sus servicios. Ahora bien, entre ambos extremos podemos encontrar una mezcla de significados, donde 'cobertura' puede significar muchas cosas. La clave en el extremo derecho del *continuum* es que siempre ha de haber una persona espiritualmente más poderosa que protege a la menos poderosa. La menos poderosa dará dinero y total lealtad a cambio de tal favor espiritual.

¡En tal *continuum*, algo sí queda claro!: para aquellos que buscan cobertura (gratuita o de pagos mensuales), esta protección espiritual tiene implicaciones mágicoreligiosas. Es decir, se cree que los creyentes somos víctimas fáciles del ataque de Satanás o sus secuaces (*i. e.*, los demonios). Estos ataques pueden llegar como envidias, mal de ojo, maldiciones, o brujería. Para ello estas víctimas creyentes necesitan protección de aquellos con poderes espirituales especiales. Y los evangélicos, desgraciadamente, hemos generado toda una gama de personas que brindan este tipo de servicio espiritual, como el tipo chamanes evangélicos que pueden romper cualquier maldición o atadura, y aun agarrar al demonio por los cuernos.

Estos neoapóstoles (*i. e.*, superapóstoles), o neoprofetas, o neomaestros, o neopastores, o neoevangelistas tienen supuestamente una unción o autoridad espiritual que los capacita para brindar cobertura y cobrar dinero o exigir lealtad completa. Para justificar de manera bíblica este abuso espiritual algunos de estos chamanes utilizan pasajes bíblicos que describen la autoridad de Cristo, y aplican estos versículos fuera de su contexto original para justificar la autoridad de todo neoapóstol (*i. e.*, Colosenses 2:9; Lucas 4:16-21; Mateo 28:18; Hebreos 3:1). Esto, pues describen a Cristo como el máximo apóstol, con cobertura del Padre, que ahora empodera a estos neoapóstoles para ser pequeños papas de la iglesia evangélica. Esto es muy interesante, pues para el movimiento neoapostólico, en su cristología práctica y discursiva más recurrente, Cristo no es necesariamente Hijo, o Dios mismo, sino el apóstol de apóstoles. Cristo ya no está presente en la iglesia, los superapóstoles ahora están a cargo de la iglesia. Este es el plan de Dios que por fin se ha llevado a cabo, según estos hambrientos de poder y de dinero. De alguna manera Cristo tenía un manto de poder que ahora ha caído sobre los superapóstoles para que estos lideren la iglesia. Para este movimiento superapostólico es necesario justificar su poder, para luego dar cobertura a los más débiles, y sacarles su dinero.

Esta vieja reestructuración para justificar poder se encuentra en todo grupo religioso abusivo y controlador. Para estos controladores el mundo requiere de una estratificación para funcionar correctamente. Pues aquellos de espíritus más poderosos, están por encima de los menos poderosos. Así hasta justifican cómo, de manera bíblica, estos poderosos ven el mundo estratificado. Aquellos con ciertos dones espirituales controlan la iglesia. Por ejemplo, el neoapóstol por encima del profeta, el profeta por encima de otros. Pues al estar ausente Cristo, y al concebir estos neoapóstoles el 'poder' del Espíritu Santo como algo controlable, se entienden a sí mismos como cabeza de la iglesia. Y para tal estructura, se requiere que el padre sea cabeza del hogar, que el esposo sea cabeza de la esposa, y los padres cabeza de los hijos. Por 'cabeza' los superapóstoles entienden, 'control' y 'cobertura', significados que demuestran su pésima interpretación bíblica.

Una vez que una persona entra en 'cobertura' la relación entre el poderoso y el menos poderoso puede ser cara a cara, o bien virtual. Para las relaciones cara a cara, las sesiones de cobertura se convierten en un tipo de consejería, o bien mentoría. En el caso de una relación virtual, la persona envía pagos mensuales a un neoapóstol famoso y poderoso (aun en el extranjero), y este ora por los débiles una vez al día, o a la semana, o al mes pronunciando el nombre del cliente. La recurrencia de oración depende del paquete o precio que esta persona haya elegido. Hace unos años un chamán evangélico costarricense cobraba 100 dólares al mes a cambio de pronunciar el nombre del cliente una vez al día. Igualmente, el más débil sabía que cada día alguien poderoso le mantenía espiritualmente alejado de los embates de Satanás, y hasta lejos del pecado y las tentaciones. Así, su negocio prosperaría, y su familia estaría feliz y bendecida.

En caso que no fuera así, no sería culpa del poderoso, sino del débil, quien debería de estar cometiendo pecado, o de alguien que le estaría llevando el pecado a su casa o trabajo. Si esto se diagnosticara como la causa, entonces el más débil debería pagarle más al fuerte para que orase contra ella, o para que le hiciera una limpieza espiritual. De todas maneras siempre gana el poderoso, aunque los débiles pierdan. Lo más doloroso es llegar a comprender que algunos de los que solicitan estos servicios llegan a invertir entre un 10 y un 20 % de sus ingresos brutos mensuales. Pues, por sí solos, se sienten totalmente incapaces de hacerle frente a una dura realidad, y desafíos espirituales de la vida diaria.

Yo me pregunto: ¿saben estos débiles que el Espíritu Santo les puede capacitar con la misma cantidad de poder, no para someter a otros, sino para servir a otros? ¿Saben estos débiles que no es necesario pagar por protección espiritual, y que el Espíritu Santo mismo brinda protección de forma gratuita?

¿Saben estos poderosos que lo que hacen no tiene otro nombre sino el de estafa y abuso espiritual? ¿Saben estos que el poder de Dios es gratuito? ¿Saben estos que hay cosas que no se pueden comprar, y que una vida de santidad requiere de sacrificio espiritual, no simplemente monetario? ¿Hasta cuándo será que el pueblo de Dios tolerará a estos neoestafadores de la fe, echándoles en cara que su religión es falsa, pues el dinero es la principal motivación de sus propósitos? ¿A qué se debe este temor espiritual por el que algunos están dispuestos a pagar grandes sumas de dinero?

CAPÍTULO 32

¿Jerarquías de liderazgo en el Nuevo Testamento?

Tal y como vimos anteriormente, uno de los problemas más comunes en la interpretación bíblica es el anacronismo. Anacronismo es ese error de interpretación provocado por tratar de imponer nuestras perspectivas modernas (influenciadas por nuestra cultura o sociedad) en el texto bíblico. El resultado: el texto deja de ser lo que era, pues hemos impuesto nuestra agenda. Por ejemplo, en algunas megaiglesias donde reina el hacer iglesia como *marketing*, y donde las jerarquías corporativas se tornan necesarias para administrar el negocio corporativo (primera de Corintios 12:28 e igualmente Efesios 4) se tiende a traducir como un flujo organizador de autoridad. Esto es un buen ejemplo que ilustra el impacto de nuestra cultura de negocios y *marketing* que ha influenciado a la iglesia en las últimas décadas. Esta influencia del mundo de los negocios ha impuesto una lectura jerárquica sobre el texto bíblico, y allí hay un problema de anacronismo en la interpretación bíblica.

Hay pasajes que actualmente nos retan a la necesidad de una más clara traducción, para evitar malas interpretaciones en nuestras culturas eclesiales corporativas. Por ejemplo, hay una serie de términos bíblicos que se han traducido de forma autoritaria, que sin embargo se pueden traducir de otra manera. Pues hay palabras en el griego koiné (*i. e.*, idioma en que fueron escritos originalmente los libros del Nuevo Testamento) que podrían traducirse como 'gobernar', pero también como 'cuidar' o 'facilitar'. Nuevamente, primero, es el contexto (*i. e.*, esos versos o párrafos que se encuentran antes o después del pasaje bíblico que estamos interpretando) el que últimamente debe darle sentido al significado de la palabra, y, segundo, es la evidencia teológica de los textos lo que nos debe indicar si tales términos deben o no traducirse en sentido jerárquico o más bien en sentido igualitario. Esto es un problema, pues cuando nos ponemos lentes jerárquicos para leer las Escrituras, las interpretaremos jerárquicamente.

Así, de manera errónea, el texto bíblico 1 Corintios 12:28, por ejemplo, se tiende a interpretar como si Pablo estuviera hablando de una jerarquía de autoridad. En realidad se trata de una lógica de prioridad, es decir, Pablo busca reflejar esos dones en lógica de prioridad con respecto al desarrollo de la iglesia (como en el caso de 1 Corintios 12:7, 31; 14:4, 12, 26).[86] Pablo considera que primeramente el ministerio del apostolado es el más fundamental, pues este es el que da nacimiento a nuevas iglesias y mantiene su desarrollo. Asimismo, al ser los apóstoles fundadores de iglesias, estos aparecen en un rango prioritario de servicio (nunca de posición jerárquica) en el desarrollo de comunidades de fe (Romanos 15:19, 20; 1 Corintios 3:10; Efesios 2:20). Muy curiosamente al aparecer la función del apostolado de primera en el desarrollo de la comunidad de creyentes, el apostolado se ubica de último ante los ojos del

---

[86] Viola, 2001, 19-38.

mundo (Mateo 20:16; 1 Corintios. 4:9). Así que 'primeramente' o 'primero' se deben interpretar por 'su prioridad', no por 'jerarquías religiosas'. Así el contexto nos indica que la interpretación debe ir orientada para que los cinco ministerios funcionen no como jerarquía religiosa, sino como una unidad que forma parte del Cuerpo de Cristo y para que funcionen con prioridad en la edificación del cuerpo y la fundación de nuevas congregaciones.

La lista de Pablo continúa brindando una perspectiva que indica no un orden eclesiástico de jerarquía (*i. e.*, estatus o título), sino más bien de servicio (*i. e.*, función). En la lista, aún podríamos traer a colación Efesios 4, que después de los que sirven en el apostolado, aparecen los que profetizan, entre otros. De ninguna manera el texto trata de brindar una jerarquía de posición, sino más bien una variedad de servicio enfocada en la unidad del cuerpo. En Efesios 4 el tema central es la unidad de la Iglesia, no la jerarquía de la Iglesia (1 Corintios 12:25). El propósito de los cinco ministerios en Efesios 4:11 es para que como Iglesia «estemos capacitados para servir y dar instrucción a los creyentes» (Efesios 4:12) y «así seremos un grupo muy unido y llegaremos a tener todo lo que nos falta» (Efesios 4:13). Esta lista nos muestra que a pesar de que hay igualdad de posición, el servicio es variado y busca la unidad del cuerpo bajo una sola cabeza, quien es Cristo. Aquí el contexto nos indica que la interpretación debe ir orientada para que los cinco ministerios funcionen en servicio al Cuerpo de Cristo, y no que el Cuerpo de Cristo funcione para servir a quienes ocupan estos ministerios.

Otros ejemplos los encontramos en Hechos 20:28 con el termino *poimaino* que debería traducirse como 'cuidado pastoral', en 1 Timoteo 5:17, Romanos 12:8, y en 1 Tesalonicenses 5:12 encontramos el termino *proistemi* que se refiere a aquellos que proveen cuidado y supervisan. En Hebreos 13:7, 17, 24, encontramos el termino *hegeomai*, que significa 'aquellos que guían, lideran, o administran', no 'aquellos que comandan o gobiernan' (como en 1 Corintios 12:28 con el termino *kubernesis*) que se lee como si los ancianos fueran aquellos que gobiernan, o comandan la iglesia. Sin embargo, estos son términos que han sido mal traducidos, por aquellos que usan lentes jerárquicos para leer las Escrituras.

Ha habido, y habrá alguna perspectiva jerárquica como la clericalista, la corporativa o la militar que podría dominar la lectura de estos textos sesgando su significado, como hemos visto. ¡No es necesario comandar y ejercer control para guiar y cuidar! El Reino trata de siervos, no de jefes. No se trata del tipo de liderazgo de los gentiles (Mateo 20:25-28; Lucas 22:25, 26) donde entre ellos se *katexousiazo* (*i. e.*, ejercen autoridad sobre), ni del tipo de liderazgo de los judíos con su clasismo religioso (Mateo 23:8-12) que jerarquiza a las personas según su estatus. El Reino trata de siervos y siervas que toman la toalla y la vasija, y como niños en humildad sirven sacrificialmente a otros. Pues, aquel que guía, y cuida, no necesariamente para hacerlo debe comandar, o ejercer control.

Hay más evidencia bíblica. El hecho que existan *presbuteros* (*i. e.*, griego koiné por presbíteros pero en el sentido de ancianos como personas maduras en la fe, y ejemplo en su servicio) y el que sean *kathistemi* o *keirotoneo* (*i. e.*, enviados, o designados a servir) según Hechos 14:23 no implica que deban ser personas que comandan o ejerzan control. Tito 1:5 nos muestra que no se trata de un estatus o un título, sino de una función. En 1 Pedro 5:1-3 los ancianos están *entre* y no *sobre* la congregación. Notemos como Pedro, Pablo y otros dirigen sus cartas a «los santos» (*i. e.*, a todos los miembros de las congregaciones) nunca a los «líderes» ni ancianos de las iglesias. Pablo les escribe a Timoteo y Tito como cotrabajadores, no subalternos. En 1 Corintios 5 Pablo llama a toda la congregación a poner en disciplina a un hermano problemático: nunca solicita que tal disciplina la implementen los ancianos como autoridad. Esto demuestra que la autoridad de la Iglesia se encontraba en toda la Iglesia, no en unos cuantos «jefes». En Hebreos 13:17 se ha traducido erróneamente el termino *peitho* por 'obedecer', cuando en realidad debería ser 'persuadir'. En el mismo pasaje, *hupeiko* se ha traducido por 'someter', pero someter en el sentido de someterse a voluntad propia, no bajo la obligación de ninguna autoridad.

Todos los creyentes, están llamados a participar de un liderazgo equitativo según su don espiritual. El termino anciano aparece solamente cinco veces en los escritos de Pablo, mientras que el termino *adelphoi*, como 'hermanas' y 'hermanos', aparece en Pablo 134 ocasiones (346 veces en total en el Nuevo Testamento). Pues Pablo les escribía a los hermanos de las congregaciones, no a ninguna jerarquía en la Iglesia. Nuestras jerarquías piramidales religiosas son producto de un pecado estructural histórico que aún estamos sufriendo en nuestras iglesias. Está bien que existan pastores, y apóstoles, y maestros, y profetas, pero como funciones de servicio según sus dones espirituales, no como títulos de autoridad jerárquica. En ningún momento estas funciones se deben interpretar como jerarquía de títulos para gobernar la Iglesia, sino más bien para servir a la Iglesia.

CAPÍTULO 33

La Iglesia y su liderazgo actual

La crisis que vive la iglesia evangélica en América Latina es un reflejo de la crisis que experimenta el cristianismo en general a nivel mundial. Ayer llenaban los encabezados los problemas éticos de la iglesia católica romana, hoy son los protestantes. Vale la aclaración para indicar que aun en nuestra región existen iglesias y curas y pastores fieles al Evangelio, a Dios. El problema yace en la inhabilidad de las iglesias para responder de manera relevante a los retos de nuestra sociedad con una voz profética.

Vivimos en una sociedad donde las presiones del materialismo nos agobian. Trabajamos para hacer dinero y gastarlo. Rendimos culto al placer y los bienes materiales. Algunos, cuando no pueden adquirir legalmente tales bienes, los arrebatan de lo ajeno. Otros se dan cuenta que la satisfacción básica o exagerada de las necesidades humanas no es para todos. Ante tal frustración y ante las presiones sociales por poseer bienes, la religión y la magia salen a relucir. Es decir, cuando el sistema económico no puede satisfacer nuestras necesidades básicas de prosperar y vivir bien, el instinto humano integra otros sistemas como el religiosomágico.

Lo mágico y lo religioso usualmente tienden a mezclarse en un solo sistema, principalmente para aquellos que viven en contacto con el mundo invisible. Hay diferencias entre esta cosmovisión y el cristianismo. Primero: la magia es la manipulación de fuerzas naturales para desencadenar el poder de las fuerzas sobrenaturales para provecho propio. Segundo: dentro del cristianismo en vez de magia hablamos de la oración. La oración es esa actividad espiritual en la cual sometemos nuestra voluntad y nuestros deseos humanos a la voluntad de Dios. Es decir, en la magia se busca manipular la voluntad de Dios, mientras que en la oración se somete la voluntad humana a la divina. Cada vez que queremos que Dios haga algo, sin considerar su voluntad, estamos practicando magia.

Ahora bien, hay personas que utilizan la oración con propósitos mágicos. En el caso de los medios de comunicación cristiana, que hoy están bajo ataque por su ética económica, cada vez que prometen una bendición, milagro o curación a cambio de una donación, están practicando magia y no cristianismo. ¿Cómo podemos garantizar algo que solo Dios en su infinita sabiduría sabe otorgar?

Todos aquellos que prometen alguna prosperidad, deben o están obligados a ser prósperos para dar ejemplo. El hecho de que Dios los haya hecho prosperar puede ser cierto, pero puede que no. Pues el hecho de que se hayan enriquecido más de lo necesario se debería considerar poco ético. Por ello manejan sus iglesias con estructuras de liderazgo de tipo militar, utilizan un estilo de administración de empresas en la iglesia, y ponen un fuerte énfasis sobre la divinidad del líder que puede funcionar como pastor, profeta o apóstol. Así la iglesia se convierte en una máquina de hacer dinero, los líderes se enriquecen más de lo debido, y los problemas éticos empiezan a relucir.

Por tanto no podemos hablar solo de ganancias mal habidas en algunos líderes evangélicos, sino también de abuso espiritual y sicológico sobre personas quienes en su mayoría desean prosperar, o prosperar aún más. Estos líderes, para lograr su abuso, utilizan una interpretación muy individualista de las Escrituras (recordemos que la mayoría de ellos no han tenido acceso a estudios teológicos formales), un subjetivismo exagerado (Dios me ha revelado…), una guerra espiritual en la cual son expertos chamanes, y finalmente predican una fe centrada más en sí mismos que en la voluntad de Dios.

Tristemente, la naturaleza humana a ratos nos traiciona y nos lleva a «cortar esquinas», (*i. e.*, a buscar el camino más fácil). A muchos les gusta un cristianismo *light* de pocas exigencias morales y muchos privilegios materiales. Cada vez que se busca de manera «barata» y ligera fundar un ministerio cristiano, donde el carisma del líder, y no el de Cristo, genera el centro de atención, y donde problemas de ética económica, exceso de autoridad y abusos sexuales se tornan cada vez más comunes, nos deberíamos preguntar: ¿estamos funcionando como Iglesia o como una empresa religiosa?

CAPÍTULO 34

Los profetas de azúcar

Antes de que una nueva píldora salga al mercado, esta debe probarse. Pensemos que la píldora es para bajar el colesterol. Las compañías farmacéuticas lo que hacen es buscar personas con colesterol elevado y las dividen en dos grandes grupos, organizados según las características étnicas, el género o la edad. A continuación los médicos les indican a sus pacientes que una nueva píldora va a salir al mercado y quieren probarla. Los pacientes, ansiosos de lograr su cura, participan del estudio. Deben probar la píldora, según la dosis, durante varios meses e indicar los efectos secundarios, someterse a constantes exámenes de sangre y de todo tipo. Entonces, un grupo recibe la píldora de prueba para bajar el colesterol y el otro grupo recibe una píldora de azúcar.

Lo interesante es que una y otra vez algunos pocos que recibieron la píldora de azúcar aseguran una mejoría en su salud, y los resultados lo demuestran, similar a los que recibieron la verdadera píldora y lograron bajar su colesterol. Esto se conoce como «el efecto placebo». ¡Este fenómeno es difícil de explicar! Simplemente se ilustra como el poder de la fe, aunque esta fe no tenga mucho fundamento. Es una fe en lo que el doctor le dijo, aunque el doctor haya mentido dándole la pastilla de azúcar. Esto mismo puede explicar por qué algunos falsos profetas aciertan algunas de sus «profecías». La gente necesita recibir la píldora (la profecía) aunque el profeta lo que les dé sea una píldora de azúcar. Esto explica cómo algunos líderes religiosos pueden explotar a un grupo de personas durante muchos años, pues les demuestran que sus profecías son reales. Permítanme mostrar a continuación algunos elementos que favorecen que algunos falsos profetas —o profetas de azúcar— acierten algunas de sus adivinaciones:

1) *Un ambiente dominante, de expectativa y cargado de emociones.* Para aquellos que hemos visitado iglesias de falsos profetas, sabemos que en esos lugares la expectativa de milagros y unciones llena el ambiente. Estos falsos profetas exigen a sus seguidores sumisión incondicional, dedican mucho tiempo en el culto a ofrecer profecías, y eso es lo que sus seguidores, como cazadores de milagros, desean recibir. Las personas bajo la influencia de la música, y el repetitivo mensaje del ungido o ungida, que media entre Dios y los humanos, carga el ambiente con emociones. El ambiente se torna como el mercado de la bolsa de valores. Todos lloran, gritan, cantan, brincan, y caen al suelo. Todos compiten por recibir una profecía, y si es necesario arrebatar el milagro o bendición de otros. Las profecías vienen y van, a ninguno en la audiencia le importa si las profecías son reales o falsas. ¡Todos quieren su profecía, y punto! Si no obtuvieron una este domingo, regresarán el siguiente domingo, y así sucesivamente. Aquí hay un ejemplo de profecía de azúcar. Creen lo que les dicen aunque no sea cierto, y no tienen la criticidad de evaluar si lo que dice el profeta es verdadero o no.

2) *La posibilidad de esperar que un evento ocurra, incrementa la oportunidad de que este ocurra.* Si esto sucede con pacientes que toman la pastilla de azúcar, lo mismo sucederá con aquellos que creen que una profecía es para ellos. ¿Cuántas personas con mal crédito, y pobre conocimiento de las finanzas, se han comprado nueva casa y nuevos automóviles? Ellos creyeron en la profecía de la prosperidad. Ahora tienen dos empleos, están agotados, su economía está aún más limitada, no tienen ahorros y viven de los préstamos, pues sus ingresos son inferiores a sus egresos. ¿Es esto la prosperidad en términos bíblicos, o un abuso económico? En el ambiente de iglesia al que pertenecen se ven obligados a aparentar ser prósperos. ¡Pero tienen coche y casa, aunque vivan altamente estresados y ansiosos! Aquí hay un ejemplo de profecía de azúcar. Practican lo que se les dice, aunque no sea cierto y resulte abusivo.

3) *Un falso profeta, para demostrar que sus predicciones son importantes, se puede dedicar a profetizar en grande.* Es decir, al presentar profecías muy grandes o macroprofecías (*e. g.*, macrosociales), se convence a sí mismo y a sus seguidores, de ser un profeta muy importante. Digamos que el profeta de azúcar predice que «la deuda externa de América Latina será perdonada». Y ha pasado casi una década, y tal profecía tan macro no se ha cumplido. ¿Qué sucedió? Pero si el profeta falso solo presenta muchas profecías pequeñas de carácter personal (*e. g.*, «te vas a casar con una mujer hermosa»), tendrá más posibilidades de éxito, pocos errores, pero poca fama. Aquí sus seguidores egocéntricos y materialistas están dispuestos a perdonar el hecho de que su profeta no acertó una macroprofecía, cuando sí acierta muchas microprofecías. De todas maneras, en grupos fundamentalistas, ¿a quién le importa la deuda externa, cuando lo que nos preocupa es nuestro bienestar inmediato y personal? Así estos profetas de azúcar se ganan tal vez la oportunidad de acertar con macroprofecías, y si no aciertan, tienen muchas

microprofecías que los respaldan (ver punto anterior n.º 2), y su gente los perdona, o tienen pobre memoria. Este es un ejemplo de macro y microprofecías de azúcar.

4) *Para que un profeta sea considerado importante a nivel internacional, debe ser capaz de acertar muchas profecías micro, y, sobre todo, macroprofecías.* En el punto anterior vimos que estos falsos profetas se juegan la posibilidad de acertar o no acertar macroprofecías. Según la teoría de la pragmática, tanto los políticos como los profetas de azúcar usan como estrategia hacer enunciados que llevan a los seguidores a extraer conclusiones falsas. Es decir, la ambigüedad en el lenguaje profético de azúcar es tal que el mensaje no queda claro, pero el público cree que lo entiende y lo aprueba. La clave de este «doble discurso» está en no decir la verdad o toda la verdad, y presentar un panorama más favorable del que en realidad existe, algo que llena las expectativas del público, y les lleva a entender algo positivo, cuando en realidad el mensaje fue ambiguo. ¡Este es un ejemplo del uso del lenguaje en profecías de azúcar! El lenguaje ambiguo le permite al falso profeta decir luego: «no, eso no fue lo que quise decir, ustedes me han malentendido», o también decir «me están citando fuera de contexto». ¿Quién se atreve a morder la mano de quien lo alimenta? ¿Quién se atreve a dudar del ungido?

5) *Estos profetas de azúcar también utilizan la adivinación.* Es decir, cada vez que necesitan interpretar tradiciones hebreas (*e. g.*, deducir), interpretar los mensajes ocultos en los pasajes en hebreo de las Escrituras, y utilizan el significado de los números en sus profecías, deberíamos hablar de adivinación, esoterismo, pero nunca de profecía. El mensaje de Dios a profetas reales se lo dio en forma directa, sin necesidad de que el profeta interpretara otras fuentes de información en números y letras. ¡Es decir, o el mensaje viene directamente de Dios, o no! Las Escrituras prohíben la astrología (Isaías 47:13), la necro-

mancia (Isaías 8:19, 20), la idolomancia (Ezequiel 21:21). Y hay advertencias contra los falsos profetas, los falsos apóstoles, los adivinadores, brujos, y hechiceros. Dios ha comunicado su voluntad con rectitud, amor, humildad y paz a través de las Escrituras. Toda «profecía» que vaya contra lo que las Escrituras nos revelan sobre el carácter de Dios, y los principios del Reino debe juzgarse como falso. También Dios ha provisto una comunidad de fe capaz de discernir juntos (compartir consejo) sobre las Escrituras. Este es un ejemplo de cómo las profecías de azúcar son en muchas ocasiones simple adivinación.

Vivimos en tiempos donde las personas buscan milagros, no al dador de los milagros. Compran amuletos consagrados, aceites benditos, y ropa ungida para así lograr milagros y la buena suerte, en vez se someterse a la voluntad de Dios. ¡Eso es magia! Se relacionan con Dios como con una máquina tragamonedas. Hablamos de iglesias que consumen milagros y promesas, y no escudriñan las Escrituras. Jesucristo, en Mateo 7, nos dice:

15 Guardaos de los falsos profetas, que vienen a vosotros vestidos de ovejas, pero por dentro son lobos rapaces. 16 Por sus frutos los conoceréis. ¿Acaso se recogen uvas de los espinos o higos de los abrojos? 17 Así, todo buen árbol da buenos frutos, pero el árbol malo da frutos malos. 18 No puede el buen árbol dar malos frutos, ni el árbol malo dar frutos buenos. 19 Todo árbol que no da buen fruto, es cortado y echado en el fuego. 20 Así que por sus frutos los conoceréis. 21 No todo el que me dice: «¡Señor, Señor!», entrará en el Reino de los cielos, sino el que hace la voluntad de mi Padre que está en los cielos. 22 Muchos me dirán en aquel día: «Señor, Señor, ¿no profetizamos en tu nombre, y en tu nombre echamos fuera demonios, y en tu nombre hicimos muchos milagros?». 23 Entonces les declararé: «Nunca os conocí. ¡Apartaos de mí, hacedores de maldad!». (LBA)

¿Qué hacer para evaluar los frutos de un falso profeta? La mejor forma de enfrentar profecías de azúcar es exigiendo evidencia en todas y cada una de las profecías. Por ejemplo, si un profeta de azúcar publica su «guía profética», todo el pueblo cristiano que vela por la sana doctrina debería buscar evaluar si tales profecías, por más ambiguas que sean, se cumplieron o no. ¡Nuevamente, se debe exigir evidencias empíricas de que las profecías se cumplieron! Si un profeta de azúcar de lo que profetizó solamente acierta algunas cosas, deberíamos de considerar juzgar el efecto placebo, pues, si algo es de Dios, debe serlo en un 100 %. El acertar unas cuantas profecías, entre muchas, es señal de falsa profecía.

CAPÍTULO 35

¿Cómo nos leen los falsos profetas?

Jesús, en Mateo 7:15, enfatiza que tengamos cuidado de los falsos profetas. ¿Por qué hay que tener cuidado? Pues es fácil que seamos engañados por estos. Según las Escrituras, los falsos profetas decían hablar en el nombre de Dios; sin embargo, tenían características en su personalidad que les caracterizaba como falsos. La primera característica de un falso profeta es que su mensaje exalta su egolatría. Su conducta inmoral, aunque oculta a veces, los delata con facilidad (1 Reyes 22; Jeremías 14:15; 28; Amós 7:10-14). Estos profetas enseñaban falsedad (Ezequiel 9:15; 13:2). Para Jeremías estos eran engañosos (14:14), inmorales (23:14), y mentirosos (28:15). El cumplimiento de la profecía demostraba la validez de su mensaje (Deuteronomio 18:22; Ezequiel 2:5; Jeremías 29:9, 16; y 1 Reyes 22:28), y, aunque este resulte verdadero, requiere discernimiento (Deuteronomio 13:1-3).

Para un pueblo separado de Dios, el que un profeta predique el amor incondicional de Dios sin requerir que el pueblo se arrepienta puede dar como resultado un falso mensaje. Algunos no quieren oír hablar de arrepentimiento, solo quieren promesas, y esto hace que los falsos profetas surjan más apetecidos que los verdaderos profetas (Miqueas 3:5; Jeremías 27:13; Deuteronomio 30:15-20); es más, los falsos profetas no buscan que el Espíritu convenza a las personas de su pecado (Jeremías 23:22). Algo que queda claro es que el falso pueblo de Dios, en su comezón de oídos, prefiere escuchar falsos profetas por su mensaje *light*. ¿Cómo nos pueden engañar estos falsos profetas?

Durante décadas, principalmente desde la época del famoso mago Houdini, muchos se han dedicado a desenmascarar con bases científicas a aquellos que dicen tener contacto con «el otro mundo» o mundo espiritual, y que a cambio de dinero nos pueden orientar a la verdad, o conseguirnos prosperidad. Quiero dedicar este artículo a aquellos y aquellas que ya hace un tiempo, desde que escribí el pequeño artículo popular «Los profetas de azúcar», me han preguntado: «¿Cómo es que la gente sigue a estos profetas de azúcar?» Puedo apuntar algunas respuestas para iniciar el diálogo. Empecemos con una serie de conceptos y ejemplos para entender por qué hay personas que siguen a profetas y apóstoles de puro efecto placebo, y «creen ser profetas» pero no lo son.

El primer concepto es la *lectura caliente*, y se trata de aquellos profetas, hacedores de milagros, médiums, etc., que antes de empezar el *show* se entrevistan con los de la primera fila, bien con algunos que ocupan asientos asignados y pueden ser entrevistados al azar, o bien con todos los que literalmente se sientan en la primera fila, para obtener información personal y conocer sus necesidades. De esta manera, cuando les llamen al frente para recibir el milagro, el público se sorprenderá de cómo el *showman* o profeta sabe tanto de esa persona. Este es un viejo truco, y muy efectivo para afectar al público.

El segundo concepto es la *validación subjetiva* (también conocida como *lectura tibia*). ¿Cómo es posible que los falsos profetas tengan seguidores tan ciegos que no quieran ver que los están estafando? La validación subjetiva tiene que ver con el valor que le damos a palabras o gestos que de manera supuesta dice o hace el falso profeta. Validación subjetiva es: «los seres humanos somos muy buenos para encontrar significado donde no hay ninguno, o para dar significado a aquello que no tiene ninguno». Esto sucede con mayor fuerza cuando se trata de cosas relacionadas con nuestras vidas. Es decir, a los símbolos (como palabras, gestos o sonidos, entre otros) que puedan no tener sentido alguno las personas pueden darles sentido, incluso un sentido que quien lo dijo o hizo no tuvo intención alguna en comunicar.

Un ejemplo: el profeta dice «Dios quiere que prosperemos, y así lo dice en su palabra». ¿Qué significado tienen estas palabras para aquellos que están en el auditorio? «¡Dios quiere que yo prospere, amén!» ¿Por qué no todos logran prosperar? De múltiples explicaciones no proveen estos falsos profetas: «hay que sembrar, y sembrar con fe para cosechar». Es decir, no solo se siembra (algo cuantificable) sino que se hace con fe (algo no cuantificable y que tiene muchos significados). Una persona puede «sembrar», es decir, darle mucho dinero al profeta (supuestamente, en última instancia el dinero es para Dios), ¿Cómo se mide la fe para saber cuánta fe debo tener? Esto de cuánta fe y de qué tipo de fe es todo un misterio. La cosa se pone más espesa cuando los profetas agregan a la explicación de la falta de prosperidad para los que siembran: «es porque hay pecado». ¿Cómo se sabe qué es pecado, y cuánto pecado? Esto nos lleva a un tema teológico interesante, pues el problema del pecado, para estos neopentecostales, no yace en el pecado original, que produce los malos deseos en el corazón de las personas y el problema de las malas obras, sino que el pecado yace en la influencia de los demonios.

De igual manera, para estar libre de pecado lo que hay que hacer es liberar a las personas de esos demonios generacionales o actuales que les controlan. Una vez que la persona está libre de malos espíritus (por medio de los encuentros) es necesario solo un paso. Esto es interesante, pues nunca queda claro si la persona puede o no volver a ser atacada por demonios; pero para eso está la cobertura espiritual, algo que también requiere dinero. Es decir, para prosperar hay que sembrar, y mantenerse bajo la cobertura de una persona espiritualmente más madura y tal vez más santa. Ambas cosas requieren dinero, y el tema del «hay que tener, o hay que hacerlo con FE» no significa necesariamente tener fe en Dios, sino «tener confianza absoluta y ciega» en el profeta o apóstol. Aquí es donde la dominación y el control se tornan más fuertes.

El tercer concepto es la *memoria selectiva* pues está ligado a la validación subjetiva. Por ejemplo, si después de un sermón, o de ver una película, preguntamos a un grupo de personas «¿Cuál fue la parte de la película o del sermón que más le llamó la atención o fue más emotiva y por qué?» escucharemos muchas respuestas. Es decir, cada quien le da significado a aquello que apunte a una necesidad o inquietud. Por un lado, aquellos que necesitan un poco de entretenimiento en el culto tienden a recordar primero y con mucha facilidad los chistes de ilustración dados por el predicador. Por otro lado, aquellos que necesitan un milagro encontrarán alguna clave (encontrarán significado) para alcanzar ese milagro.

El cuarto concepto es la *lectura fría*. La lectura fría está basada en la simple observación. Se puede decir mucho de una persona fijándose en cómo viste, en su edad y en su género. La clave aquí está en hacer generalizaciones para acertar alguna. Recuerdo una vez que un amigo me contó que en un campamento de jóvenes invitaron a una profetisa, y esta dijo: «aquí hay una pareja que el Señor quiere unir con éxito en matrimonio; habrá oposición, pero la pareja deberá perseverar». Al terminar el campamento, no fue una, sino once parejas las que regresaron a la capital. No todos los padres estaban de acuerdo con la relación, pero fueron profetizadas, y el pastor no podía estar en contra de la profecía. Al cabo de dos años las parejas se habían disuelto. ¿Aquí qué tenemos? Primero: de entre los muchos temas tratados en el campamento, el de la profetisa fue recordado por muchos años. ¿Por qué? El tema de encontrar la media naranja es un tema de gran importancia entre los jóvenes. Segundo: profetizó que una pareja tendría éxito, y salieron once reclamando los beneficios de esa profecía. Es decir, veintidós jóvenes validaron esa profecía como propia. Tercero: la profecía resultó falsa, pues ninguna pareja perduró para consolidarse en un matrimonio con éxito. Sin embargo, la profetisa podría escudarse y decir «esa pareja —cualquiera que fuera— no tuvo suficiente fe».

Veamos varios ejemplos para ilustrar como los conceptos anteriormente mencionados funcionan en la realidad. Primero veamos cómo los profetas falsos tratan de acertar como los astrólogos mediante la técnica de ensayo y error (*i. e.*, «batear al adivinar»):

Profeta— Algo pasó durante esta Navidad que al Espíritu no le gustó de usted.
Cliente— (*Mueve la cabeza confirmando que algo pasó: el profeta «batea», es decir, acierta algo correcto.*)
Profeta— Usted hirió los sentimientos de ella.

Cliente— (*Frunce el ceño mostrando que algo no entiende: el profeta no acierta esta vez.*)

Profeta— Se trata de una mujer.

Cliente— (*Levanta la cabeza con el ceño aún más fruncido mostrando confusión: el profeta tampoco acierta.*)

Profeta— (*Para conservar su credibilidad apela a su poder religioso.*) Bueno, confiese su pecado para que encuentre perdón.

Cliente— Fue un conflicto con mi papá. ¡Pero ya nos reconciliamos!

Profeta— (*Sabe que metió la pata y quiere arreglar el desaguisado ofreciéndole más perdón.*) El Señor se siente muy orgulloso de usted como siervo, pero al ofender a su papá, ¿Usted cree que pudo ofender a su mamá?

Cliente— ¡Mi mamá murió hace cinco años!

Profeta— (*Mete la pata de forma bien fea.*) ¿Usted tiene hermanas?

Cliente— No.

Profeta— (*Sudando de la congoja.*) Entonces se trata de su esposa.

Cliente— No, no tengo esposa ni novia.

Profeta— (*Todo el cuerpo le transpira.*) Pues veo a una mujer ofendida por lo que usted hizo y debe disculparse con ella para recibir una bendición especial de Dios.

Cliente— (*Empieza a darle sentido a lo dicho por el profeta y de pronto recuerda un incidente en el trabajo, en nada relacionado con lo de su papá.*) Recuerdo que fui muy rudo con una clienta en el banco.

Profeta— (*Respira hondo, pues por fin «bateó» el* home run.) Así te lo ha revelado el Espíritu.

Cliente— (*Comienza a orar, y no sale de su asombro al ver que el profeta le ha revelado algo que él mismo había olvidado por completo, un pecado oculto que, si él no se lo hubiera revelado, no hubiera recibido esa bendición de año nuevo.*)

El «bateo» es un arte entre mentalistas, profetas y astrólogos; pero es el cliente quien por último le da significado a la profecía. ¿Cómo funciona la lectura fría para profetas, médiums, y adivinos? Simplemente estos profetas o médiums necesitan proveerse de algunas palabras de la audiencia o del cliente que le faciliten el significado. Las personas somos por lo común orgullosas y tenemos unas perspectivas irreales de nosotros mismos. Eso nos lleva a aceptar puntos de vista que reflejan no cómo somos o cómo pensamos de nosotros mismos, sino lo que nos gustaría ser o lo que nos gustaría pensar de nosotros. El profeta podrá decir varias cosas que no tengan que ver con nosotros (aseveraciones incorrectas), pero solamente necesita decir una correcta para acertar y ganar nuestra atención. A partir de allí nuestra memoria selectiva no recordará con detalle cuántas profecías o aseveraciones falsas se dijeron, sino que recordará cómo el gran profeta nos dijo algo muy personal, que nadie sabía de mí. Veamos un ejemplo de un estilo de profecía (falsa) que se ha tornado muy común en nuestras iglesias, que los que leen las cartas del tarot, la mano, las hojas del té, etc., han utilizado por siglos. Quiero que cada uno evalúe si al menos una de estas descripciones se acerca a lo que creemos de nosotros mismos:

Las personas cercanas a usted le han tomado ventaja; su honestidad no ha sido bien aceptada. En muchas oportunidades se le han ofrecido en el pasado, y las ha rechazado para evitar tomar ventaja de otros. A usted le gusta leer libros y artículos para mejorar la memoria, y aprender más. Es más, se encuentra en el mundo profesional, o debería estarlo. Usted tiene una capacidad muy buena para entender los problemas de otras personas, y eso le facilita simpatizar con ellas. Es firme cuando se enfrenta con tonterías sin sentido. Las fuerzas policiales serían un buen campo en el que usted podría desenvolverse pues lo entendería muy bien, porque su sentido espiritual de justicia es muy fuerte.

Si yo me encontrara en una situación sicológica de profundo vacío, y alguien me dice estas cosas, muchas de ellas no tendrían mucho sentido, como lo de hacerme policía, pero en otras sentiría que el profeta me leyó el corazón, pues son ciertas. Sin embargo, si somos críticos y leemos nuevamente el párrafo anterior, nos daríamos cuenta que está lleno de ambigüedades e ideas sin conexión. Solo falta leer el horóscopo de un periódico, leerle el signo del Zodiaco equivocado a algún amigo o familiar y esperar a que este le dé sentido a esas palabras. Y este es el punto: debo darle sentido a esa «profecía» para que el profeta acierte en sus aseveraciones, y además tener memoria selectiva para no recordar que el profeta para acertar una aseveración falló en muchas otras. En otras palabras, yo soy en última instancia quien evalúa si el profeta es falso o verdadero (validación subjetiva). Del mismo modo, no toleraría que nadie dijera que el profeta es falso cuando yo crea que es verdadero. El profeta tendría que cometer un pecado grande, o un abuso, o un error que yo valore como inaceptable para que mi opinión sobre él pueda cambiar.

Para concluir, la mente humana siempre está trabajando, y de manera muy selectiva. Nosotros escogemos datos que recordaremos, y les daremos significado. Y esto sucede porque creemos en el profeta, o queremos creer en él. Hacemos esto para darle sentido al mundo en que vivimos, y damos significado a las profecías aunque sean ambiguas y no tengan sentido en sí mismas. No se trata de ser emocionales. ¡No se trata de no ser racionales! En realidad necesitamos pensar lógicamente para darle significado a esas profecías. Así que no se trata de enfrentar 'ser emocional' contra 'ser racional', sino del significado que le damos a lo que creemos que es verdadero.

CAPÍTULO 36

Guías proféticas: Rony Chaves del 2009 y 2010

Para Rony Chaves, la *Guía profética* consta en realidad de unas directrices proféticas para desarrollar planes y tomar decisiones, que parecen tener límites ministeriales, aunque otras de ellas tienen aplicación nacional. Por tanto, se hace difícil saber si a final de año tales profecías se cumplirán o no. Así es de ambiguo el lenguaje profético, que más tarde analizaremos. Es importante prestarle atención a estas creaciones proféticas, pues cada neoprofeta o neoapóstol está tendiendo a generar las suyas propias. Es decir, pronto no solo habrá una guía, sino muchas, y entre tanta profecía la confusión reinará entre el pueblo de Dios.

Según Chaves, estas «guías proféticas», como la del 2009 (http://www.ronychaves.org/noticia.aspx?id=48), pueden tener tres fuentes: a) la adivinación de «números y años bíblicos por parte de estudiosos del Hebreo» (*i. e.*, esoterismo); b) el estudio «exhaustivo de las Escrituras»; c) el estudio «de los acontecimientos mundiales contemporáneos». En el caso de Chaves su *Guía profética* se basó en una cuarta fuente: en su «relación con el Espíritu Santo y no en el análisis de las circunstancias político económicas de hoy o de las costumbres judías». Algo que me preocupa es cuando Chaves afirma —y subrayo— «la esencia de la *Guía* está basada casi totalmente en lo que Dios me indica a escribir para su pueblo». Es decir, ese 'casi', ¿revela que no todo lo que recoge la guía se lo indicó Dios?

Por tanto, no queda claro si las guías proféticas deben o no considerarse profecías. En parte, parece que esa es la actitud general de Chaves, que no lo aclara. Según la teoría de la pragmática, tanto políticos como predicadores (de tipo neoprofético y neoapostólico) usan como estrategia emitir enunciados que llevan a los seguidores a derivar inferencias falsas. Es decir, la ambigüedad en el lenguaje es tal que el mensaje no queda claro, pero el público cree que lo entiende y lo aprueba. La clave de este doble discurso está en no decir la verdad, y presentar un panorama más favorable del que en realidad existe, algo que llena las expectativas del público, y les lleva a entender algo positivo, cuando en realidad el mensaje fue ambiguo. Considerando estas limitaciones de comunicación y estas ambigüedades, analicemos la *Guía profética* de Chaves (años 2009-2010):

- En el primer punto, por ejemplo, prometía «un mover profético» y una «gigantesca ola profética» entre jóvenes y niños, en los medios de comunicación, y principalmente entre aquellos, según parece, afiliados a las escuelas proféticas que el mismo Chaves conduce.
- En el segundo y tercer puntos, Chaves prometía volver «a los orígenes de la visión original», algo que parece sería necesario para el «avivamiento final». Volver al ayu-

no, a la oración, a las Escrituras. No queda claro qué se entiende por «visión original», ni tampoco que se entiende por «avivamiento final,» pero suena interesante y muy positivo. Cabría preguntarse por qué su iglesia, bajo «dirección apostólica», se alejó del ayuno, la oración, y las Escrituras, y no queda claro qué debería hacerse para acercarse a esos aspectos nuevamente. Chaves aquí usaba un lenguaje que solo su grupo interno entiende a qué se refería.

- En el cuarto punto, Chaves hablaba nuevamente de un avivamiento, en este caso de los dones espirituales, y de nuevo refiriéndose a los niños y a los jóvenes. ¿Cómo hubiera podido la iglesia en Costa Rica, a finales del 2009, evaluar si este cuarto punto tuvo lugar? No quedó muy claro, pero podríamos forzar a Chaves a que nos demostrara si esto para finales de año sucedió o no.
- Entre los puntos 5 y 10, Chaves preveía buena fortuna para jóvenes empresarios, políticos cristianos y, además, para «matrimonios fieles». No quedaba claro si tal prosperidad sería solo para sus matrimonios, sus jóvenes seguidores, o para todos los jóvenes y matrimonios cristianos de Costa Rica. ¡A los matrimonios les prometía casa o apartamento en tiempos de recesión económica! Nuevamente, el doble discurso no indica cuántos de estos matrimonios tuvieron casa, ni de qué tipo, ni para cuándo. Al menos Chaves nos daba un parámetro para juzgar su «profecía» a finales del 2009. Estoy seguro de que a Chaves, por ejemplo, le hubiera resultado difícil demostrar a los líderes de la iglesia de Costa Rica, en enero de 2010, cuántos matrimonios cristianos de los que describe, con sus nombres y direcciones, recibieron casa o apartamento.

- En los puntos 11 y 12, Chaves anunciaba nuevamente entre la juventud y la niñez, un avivamiento evangelizador. Esta vez al menos nos proveyó de dos parámetros para evaluar esta «profecía» para finales de aquel año 2009: a) «Las estadísticas de América Latina cambiarán positiva y drásticamente en el 2009, Dios salvará millones por su gracia infinita». b) Chaves veía a los niños y a los jóvenes tomando los parques y las calles para el evangelismo. Ambas previsiones se presentaron como algo que se podría ver y que sería medible de forma empírica, aunque hubiéramos tenido que esperar a mediados del 2010 para analizar los resultados de las encuestas de opinión religiosa (como por ejemplo la de la Escuela de Matemáticas de la UCR que se realiza cada mes de noviembre).
- El último punto Chaves lo cerraba con una adivinación esotérica (una práctica ocultista de adivinar el significado de los números bíblicos para prever eventos o acciones). En este caso con el número 9, que como tal no existe en hebreo, pero al pueblo llano le resulta interesante, pues dicha adivinación tenía que ver con devolverles el juicio a «aquellos que le han quitado o robado algo al pueblo del Señor». Lo que quiera que esto significara, tampoco estaba claro si sería algo para toda Costa Rica, o solamente para sus seguidores.

Es decir, nos quedaban dos caminos para manejar esta guía profética de Chaves: 1) no considerarla como profecía, sino como unas directrices para la planificación ministerial de aquellos involucrados en el movimiento neoprofético y neoapostólico de Chaves; es decir, simplemente no le damos importancia a sus publicaciones de *Guía profética*, pues de profecía no tenía nada; y 2) la iglesia en Costa Rica se tomó con seriedad la publicación de estas guías proféticas con el propósito de evaluar si provenían del Señor o no. Es decir, hermanos de diferentes iglesias de Costa Rica a finales del 2009, o en enero del 2010, evaluaron con seriedad, a pesar de las ambigüedades de tales «profecías», si lo eran, si esas profecías se cumplieron o no. Si no se cumplieron tales profecías podríamos encarar a Chaves y llamarle *falso profeta* pues no debería haber usado palabras como «profecía» y prometer prosperidades, avivamientos, milagros, y buena fortuna, cuando no estaban siendo respaldadas por Dios. Esto, en caso de que hubiéramos considerado su guía profética como profecía, algo que ya arriba fue discutido. ¡Así que, señor Chaves, le hemos echado el ojo para evaluar si usted es o no un falso profeta!

¡El 2010 ha pasado y nos debemos de preguntar si los puntos de *Guía profética* del 2010 se han cumplido! El año pasado escribí una crítica de la *Guía profética* del señor Chaves (2009), donde exclamé varias preguntas. Las preguntas aún permanecen, y cabe exaltar que la guía del 2010 es más sobria que la de años anteriores (http://www.ronychaves.org/noticia.aspx?id=61).

Primero: Chaves empieza aclarando que sus profecías no son para ningún líder político en turno, sino para naciones. Me imagino que él tendrá problemas con algunos líderes de izquierda sudamericanos. Es claro que quiere presentarse neutral en cuanto a cualquier color político. Segundo: aclara que este año su lista profética no tiene, lo que podríamos decir, tanto esoterismo como en años anteriores. Esta vez subraya que sus profecías tienen un origen divino y no adivinatorio.

Al pasar el año 2010, y creo que vale la pena preguntarnos si alguien ha notado algún «avivamiento» en la lista de países que menciona en el punto n.º 2, dice que «los ministros deben prepararse para una enorme cosecha». Si quisiéramos evaluar tal cosecha, debemos ser serios, y tomarnos al menos un año para prestar atención a las encuestas de carácter religioso. Lo risible de estos avivamientos es que cada año, y apunto esto con seriedad, el señor Chaves promete lo mismo. Lo interesante es que en ninguna guía profética hace referencia a años anteriores, o a los resultados de sus profecías anteriores. Parece que cada año es borrón y cuenta nueva. ¡Y esto es algo que cada año repite! ¿Alguien ha evaluado este crecimiento masivo del Evangelio en América latina? Algo sí es seguro, en las últimas décadas el crecimiento de afiliación religiosa evangélica en Costa Rica se ha estancado, y existen datos para demostrarlo.

Igualmente, en el punto n.º 3, Chaves enfatiza el impacto del pueblo hispano en EE. UU. y en su «iglecrecimiento». Pero no da detalles de cómo se dará ese impacto estratégico en lo político, económico, y social, o cuándo se dará. Sin embargo, como esta guía profética es para el 2010 debemos esperar que se cumpliera para el 2010, ¿o no? El punto n.º 16 presenta la misma repetición de esta idea de promesas de prosperidad como avivamiento.

El papel misionero latinoamericano ha ido en aumento en las últimas dos décadas. Por fin Chaves quiere traerlo a colación como algo nuevo. Nuevamente, Chaves no dice cuándo, aunque la guía es para este año; deberíamos esperar que alguien verifique que «muchas congregaciones serán plantadas» en Europa y los países árabes. Lástima que su profecía sea tan general y escueta que no nos explique cuánto será el crecimiento. ¡Así cualquiera acierta! Permítanme ilustrar mi crítica con un ejemplo. Yo podría decir que habrá un crecimiento en la producción interna bruta de Costa Rica para el año 2012. Pero si no digo de cuanto será, tengo un 50 % de posibilidades de acertar, aunque el crecimiento del PIB se dé porcentualmente en un 0,1 %. Así que tengo un 50 % de posibilidades de acertar correctamente al no ser específico.

¡Las nuevas generaciones toman otra vez un papel importante en las profecías de Chaves! Los puntos n.º 5 y n.º 14 exaltan esta idea. El año anterior vaticinó jóvenes y niños profetizando y evangelizando en la calles. No ha habido, hasta el momento, evidencia alguna de que esto se haya dado. Pero ese año, Chaves prometió que veríamos a jóvenes ministros-políticos, y que esto traería «una gran transformación a nuestras naciones». ¡Pues ojala hubiera sido así! Hasta el momento los «viejos» ministros que se han lanzado a la arena política en América Latina solo han traído vergüenza y más casos de corrupción por criticar. Honestamente, espero que esta vez sí acierte la profecía, aunque el pobre cumplimiento de las profecías de Chaves nos auguran que no será así, por lástima.

En el punto n.º 6, el señor Chaves se sacude, y me hace sentir afectado al exclamar «la iglesia en el mundo debe anular con sus decretos toda palabra lanzada contra los siervos de Dios.» Así que nadie se debe atrever a criticar un «siervo o sierva» de Dios. Sin embargo, el señor Chaves aún no ha aclarado su participación y conocimiento o desconocimiento del mal manejo de fondos en la compra y venta de propiedades del canal Enlace de Costa Rica. Teletica Canal 7, en su noticiero *Telenoticias*, denunció la corrupción en Enlace. Aún estamos esperando la opinión del señor Chaves en cuanto a esas acusaciones del periodista Greivin Moya de *Telenoticias*. El punto n.º 15 subraya el mismo tema, pero ¿quién es un falso o verdadero profeta?

El punto n.º 7 debo aclarar que me encantaría que hubiera sido cierto. Aunque pregunto, ¿Qué porcentaje del presupuesto del 2010 de la iglesia y los ministerios del señor Chaves estaba orientado para «una Gran Obra de Demostración de Trabajo Social con la gente necesitada»? Esto pues, si Dios le dio esta profecía, los ministerios del señor Chaves deberían mostrar obediencia y énfasis en sus presupuestos. ¡Que demuestre obediencia con el ejemplo!

Chaves, en el punto n.º 8, volvía a sus viejos discursos de promesas de milagros, en este caso lo llamó «sobrenaturalidad» para prosperar y salir de las crisis. ¿Qué se puede entender por «sobrenaturalidad» para prosperar y salir de la crisis, y qué no puede ser «sobrenaturalidad? ¡Solo él se entiende a sí mismo: eso espero! Nuevamente, no sabemos si esto se cumplió ese año, o si se cumplió solo para sus seguidores, o para quiénes, pero aún no se ha visto evidencia de eso que llama «sobrenaturalidad». Chaves es muy ambiguo. En los puntos n.º 17, 18 y 19 vuelve a sus viejas andanzas de guerra espiritual. Me imagino que querrá regresar al Tíbet a ungir montes, o subirse a una avioneta y ungir la ciudad de San José, o ungir los ocupantes de los moteles. ¿Qué será esta vez? ¿No se da cuenta de que el origen de la maldad no solo está en los demonios territoriales, sino principalmente en el pecado que mora en la voluntad de cada persona?

No hay nada nuevo en la presencia de grupos homosexuales en nuestros países, pero Chaves ahora lo nota, y presenta un lenguaje homofóbico del cual debería tener más cuidado. ¿Será que para él el pecado de ser homosexual es el pecado más detestable delante de Dios? ¿Hay una jerarquía de pecados para Dios, o es el señor Chaves proyectando sus temores interiores homofóbicos? ¡Aunque sí profetiza que los homosexuales serán salvos! Nuevamente, no dice cuántos, ni cómo, ni cuándo. Sin embargo, en su obediencia a esta profecía me encantaría saber si el ministerio evangélico de su iglesia prestado a los homosexuales nos podría dar evidencia de estas conversiones.

Cada año Chaves promete que será un año de mayor presencia profética. En el punto n.º 10 promete «máxima potencia» como «un fluir profético más intenso». ¿Qué significa esto? ¡Ojala él lo sepa! Estas promesas del fluir profético en varias naciones no son más que propaganda para su escuela de profetas. El punto n.º 12 habla de «nuevas dimensiones del fluir del Espíritu», sin embargo es lo mismo de todos los años. Mientras tanto, el punto n.º 11 de profecía no tiene nada. Tal vez sea un mensaje comercial, simplemente.

El punto n.º 13 es arriesgado para Chaves. Él promete que los empresarios cristianos prosperarán «para propiciar una gran transferencia de riqueza a manos de los justos». Sin embargo, nuevamente clamamos por la evidencia de saber cómo medir si esto será cierto o no. Nunca habrá manera de saberlo hasta que algún organismo financiero quisiera hacer un estudio solamente entre empresarios cristianos para medir el crecimiento de sus ventas o producción. Hasta que esto no suceda habrá que creer al señor Chaves, algo que muy pocas personas serias están dispuestas a hacer, pues simplemente pedimos datos evaluativos y objetivos.

En los puntos n.º 17 y n.º 21 Chaves apunta al fortalecimiento de profetas y apóstoles como magistrados de la iglesia. Ya son varias décadas en las que sigue apuntando a lo mismo, y no se da cuenta que el movimiento apostólico se ha estancado por problemas de abuso espiritual y pastoral. ¡Chaves sigue sonando del mismo lado!

A pesar de la sobriedad de la guía de ese año, Chaves continúa usando un lenguaje ambiguo y prometiendo augurios que son difíciles de demostrar. Por tanto, podemos tomar el juicio de duda, y seguir la evaluación antiguotestamentaria de juzgar si se cumple la profecía para apuntar la veracidad o falsedad del profeta. Pero hasta el momento Chaves no ha querido tomarse el tiempo para demostrar si sus profecías (en sus guías proféticas) se han cumplido o no. Si se cree verdadero profeta debe dar frutos de veracidad y demostrarlo contra cualquier ataque personal. ¿Está Chaves dispuesto a demostrar su veracidad como profeta, y a ser más específico en cifras y detalles en sus futuras guías proféticas? ¡Pues, aún estamos esperando que la deuda externa de América Latina sea perdonada!

«*Tal vez te preguntes: "¿Cómo podré reconocer un mensaje que no provenga del* Señor*?" Si lo que el profeta proclame en nombre del* Señor *no se cumple ni se realiza, será señal de que su mensaje no proviene del* Señor*. Ese profeta habrá hablado con presunción. No le temas*». *(Deuteronomio 18:21-22,* NVI*.)*

CAPÍTULO 37

Las iglesias y el diezmo

Tal y como pudimos notar previamente la práctica del diezmo empieza con la historia bíblica del encuentro entre el patriarca Abraham y Melquisedec (un sacerdote), el primero le otorga al segundo una ofrenda del 10 % del botín, ganancia de una batalla (Génesis 14:18-20). Posteriormente a este pasaje en Génesis, los otros libros de la ley rescatan esta práctica y la toman como ejemplar. Así la práctica del diezmo fue incorporada en la ley de Moisés (Levítico 27:30-33), con el propósito de mantener a quienes no producían riqueza como la tribu de Leví, los sacerdotes, y a los más desposeídos o pobres de la nación.

¿Quiénes diezmaban, y para qué? De esta práctica, podríamos decir en términos modernos, que solo aquellos que poseían los medios de producción en una sociedad, como los ricos eran los que diezmaban. Pues los que diezmaban eran los que podían producir riqueza. A los pobres no se les reque-

ría diezmar. En aquel entonces, en el Antiguo Testamento, el templo era no solo el lugar religioso, sino también político, económico, y social, pues servía como centro de distribución y ayuda social. Hoy las iglesias no cumplen tales funciones, por tanto, comparar el templo con la iglesia de hoy no tiene lógica, pues son dos instituciones con funciones muy diferentes.

Había un diezmo cada tres años que se entregaba al templo para beneficiar a los extranjeros, huérfanos, y viudas, aquellos más desposeídos de la producción de riqueza (Deuteronomio. 14:28, 29; 26:12-15). Así que podríamos concluir que el diezmo lo daban los ricos para aquellos que no poseían bien alguno de producción. Otro diezmo se consumía en el templo como en un banquete por quienes lo traían y lo comían junto a los levitas y los más pobres. Es decir, el diezmo, junto a otras ofrendas, se utilizaba como una manera de redistribuir la riqueza de una nación y para mantener el templo.

¿Funcionaron alguna vez los diezmos? Durante los reinados de Israel y Judá, los profetas criticaron la codicia y la injusticia social, como en el caso de Amós y Malaquías entre otros, frente a una forma cruda de un precapitalismo que explotaba a los pobres (Isaías 5:8-10) y a los ministros religiosos de la época (Malaquías 3:6), y Dios mismo los acusa de robo, lo que parece demostrar que durante el periodo de los reyes el diezmo no se practicaba. Desde otra perspectiva, al aparecer los reyes de Israel, y cuando fueron invadidos Israel y Judá, aparecen los impuestos. Estos impuestos empiezan a hacer difícil la instauración del templo y a competir con la redistribución de la riqueza.

¿Hay en el Nuevo Testamento alguna evidencia de la práctica de los diezmos? Tres evidencias demuestran que la práctica del diezmo en el Nuevo Testamento no existía. Primero: al estar Palestina bajo el dominio romano, nadie podía diezmar, pues Roma explotaba toda la riqueza que se producía. Segundo: el Nuevo Testamento se escribe en un contexto posterior a la

destrucción del templo de Jerusalén. Es decir, no había templo para los cristianos ni para los judíos, pues su importancia había desaparecido literalmente. Tercero: en las historias que se refieren al tiempo del segundo templo, el Evangelio de Mateo presenta a Jesús pagando el impuesto al templo sin diezmar (Mateo 17:24-27). Aunque sí hay evidencia de que se motiva a ofrendar generosamente en ciertas situaciones (2 Corintios 8:7-15: 9:6), como a los hermanos en la pobreza, o a los líderes religiosos necesitados. Por tanto, la práctica del diezmo no era necesaria pues no había templo.

¿Y por qué continuó la práctica del diezmo nuevamente? A través de la historia de la iglesia cristiana la implementación del diezmo fue esporádica, hasta finales del siglo XIX donde tomaría más fuerza. Durante la época medieval, el arzobispo Cesáreo de Arlés, alrededor del año 470, es quien genera la primera formulación del diezmo eclesiástico, explicando en su doctrina que era la obligación de cada cristiano pagar el 10 % de sus ingresos, que debería ser distribuido en su totalidad entre los pobres. Su idea no fue completamente aceptada, hasta que en el Concilio de Macon, en 585, los obispos galos impusieron la práctica del diezmo en sus diócesis. Tristemente, el diezmo iría a parar a las arcas de la iglesia, y solo un pequeño porcentaje para los pobres. Pero esto fue así hasta que el emperador Carlomagno, en 779, hizo el pago de diezmos obligatorio como impuesto secular; esa fue la época en que la Iglesia se enriqueció grandemente, y la ayuda a los pobres y el fortalecimiento de hospitales se vieron mejorados. Y fue Teodoro de Canterbury en Inglaterra (*ca*. 602) exige a los religiosos y religiosas que les den el diezmo a los pobres, mientras que el laicado debería dar solamente a la Iglesia.

De esta manera, pasarían siglos en los que el diezmo se institucionalizaría para fines nobles, pero terminaría enriqueciendo al clero y a los más poderosos. En otras ocasiones, durante el siglo XIX, algunas iglesias en EE. UU. impusieron sus propios impuestos y arrendaron las bancas más cercanas al pulpito para las familias adineradas. De esta manera, estas familias ricas se aseguraban tener los mejores asientos, sin importar lo tarde que llegaran al templo. Sin embargo, la contribución voluntaria reinaría como la opción más común para muchas iglesias. No sería hasta antes, y aun más después de la guerra civil norteamericana que los líderes cristianos empezarían a producir material impreso (*e. g.*, los tratados y libros de American Tract Society) que ofrecía ideas para mejorar el financiamiento de las iglesias. Entre esta producción popular de material impreso, el diezmo tomaría popularidad nuevamente, pues una de sus principales funciones sería apoyar las misiones en el mundo. Estas perspectivas influenciarían a aquellos misioneros que a finales del siglo XIX vendrían a trasplantar sus iglesias a América Latina.

De ahí la lucha ideológica por apoyar la «ley de beneficencia» de 1 Corintios 16:1, 2, y el diezmo que debería ser utilizado para sufragar los gastos de la iglesia. Así, para finales del siglo XIX en EE. UU., el ritual de la «recaudación de diezmos y ofrendas» se agregaría al culto dominical, y se implementaría para quedarse. Durante este tiempo las ideas de Malaquías 3:8 se convertirían en las infames coercitivas frases que motivaban a diezmar, que aparecían en cartas que se enviaban a las familias: «robarle a Dios», «traigan el diezmo,» «derramo sobre Uds. bendición». Por fin, el siglo XX traería los medios de difusión masiva (*i. e.*, radio, TV, internet) y la exposición de los mensajes religiosos en estos medios empezaría a competir con los de la iglesia local, y algunos de estos medios empezarían a solicitar dinero —y hasta diezmos— para seguir funcionando.

¿Qué podemos concluir? Si en su iglesia, de forma directa o indirecta, le hacen sentir culpable si no paga el diezmo, o le dicen que es obligatorio diezmar, su iglesia podría estar practicando una estafa. El diezmo era una práctica obligatoria en el

Antiguo Testamento, no así en el Nuevo Testamento. Cristo, y su cuerpo, la Iglesia, son ahora el nuevo templo. Este templo no requiere de diezmos.

Pero digamos que si su iglesia pide el diezmo, pues quiere utilizar esta práctica para contextualizarla en nuestro siglo XXI —algo que podría ser debatible—, si fuera así, entonces:

- Si la tercera parte de los diezmos recaudados no se distribuyen entre los más necesitados tanto fuera como dentro de la congregación, su iglesia le está robando a usted y a Dios. Debemos ser fieles a las Escrituras si queremos contextualizarlas. Referirnos a las exhortaciones de los profetas (*e. g.*, Malaquías), sin considerar los libros del Pentateuco, los históricos, y los de sabiduría, es pecar por ser selectivos.
- En el Antiguo Testamento, los pobres, al no tener tierra para producir (hoy aplicaríamos el concepto hacia aquellos que no tienen una fuente de ingresos fija), no diezmaban: más bien les ayudaba el templo. Los más vulnerables en nuestra sociedad son aquellos que no disponen de lo necesario para cubrir sus necesidades. Si en su iglesia le hacen sentir, directa o indirectamente, que usted debe diezmar aunque se encuentre sin trabajo, o no gana lo suficiente para cubrir sus necesidades, su iglesia está cometiendo una injusticia (un pecado), pues su iglesia en vez de ayudarle le está empobreciendo más.
- Si los pastores de su iglesia, en vez de recibir un salario del cual toda la iglesia debe tener conocimiento en detalle más bien se llevan el diezmo u ofrendas en dinero efectivo como pago a sus servicios, sus pastores le están robando a Dios y al Gobierno. En nuestra sociedad capitalista todo pastor debe gozar de un salario, pero debe pagar sus impuestos y otros aportes de ley. La congrega-

ción debe colocar a personas de buen testimonio que administren las finanzas de la iglesia, y ni el pastor ni ningún miembro de su familia debe pagarse a sí mismo ni controlar los diezmos u ofrendas. Eran los levitas (en plural), no un levita en particular, quienes administraban los diezmos y las ofrendas en el Antiguo Testamento.

- Ahora, si alguna iglesia, o algún medio de difusión masiva —como los canales de televisión, las emisoras de radio, o la prensa escrita— solicitan diezmos, primicias, u ofrendas a cambio de una bendición particular, están incurriendo en una estafa. Nadie puede asegurarle a nadie una bendición de Dios, ni mucho menos a cambio de dinero.

En el Antiguo Testamento, el diezmo y las ofrendas los daba el pueblo de Dios no para recibir milagros o para ser prósperos, los daban para mantener el templo y su personal. Si el pueblo era desobediente al no dar sus diezmos y ofrendas, los que sufrían eran los levitas, los sacerdotes y los más vulnerables de la sociedad. Recordemos lo anteriormente dicho sobre el pacto. Por tal injusticia, o pecado de no dar, Dios castigaba a todo el pueblo, no solo a unos cuantos. Si eran justos al dar, Dios bendecía a todo el pueblo, no a unos cuantos. Además Dios es soberano, y a su tiempo proveerá de buenas dádivas a los fieles de su pueblo, y no se necesita dinero para ello.

Nuevamente, recordemos que el diezmo (además de las múltiples ofrendas) se donaba al templo para el cuidado de la infraestructura y su personal, que no poseía tierras ni herencias, y para los más necesitados (viudas, huérfanos, extranjeros, etc.). Si su iglesia local no cumple el rol de los antiguos templos en la distribución según los principios del diezmo, usted no está en la obligación de diezmar, y aun menos si usted no produce riqueza alguna.

CAPÍTULO 38

Las megaiglesias: el «Walmart» del Evangelio[87]

En los Estados Unidos de América el «efecto Walmart» se conoce en los pueblos pequeños. ¡En América Latina ya lo conocemos! *Donde llega Walmart, quiebran los negocios pequeños.* Igualmente ha sucedido con las iglesias pequeñas que han sido absorbidas, como negocios familiares forzados a cerrar. Las megaiglesias ofrecen mejores productos: amplio estacionamiento, buena música, excelente sonido, mayor variedad de ministerios, y personalidades con mensajes de fácil aplicación, mientras que las viejas denominaciones no solo luchan por sobrevivir, sino también por convencer a sus adeptos de mantenerse fieles a su doctrina tribal, pero su estructura heredada ya no responde a los retos del mundo como lo hacía algunas décadas atrás.

---

[87] Walmart es una multinacional estadounidense cuyo negocio son las pequeñas tiendas de autoservicio.

¡No debe prevalecer el pánico! Uno de los modelos mundiales de megaiglesias está hoy en decadencia y buscando reinventarse. Bill Hybels, pastor de la famosa iglesia norteamericana de Willow Creek, llegó a admitir en una importante conferencia que «hemos gastado millones de dólares pensando si ayudarían realmente a nuestra gente». ¡La cosa no funcionó! Pero hay más errores que han sucedido en las megaiglesias de América Latina, y las quiero numerar. Permítanme, pues, mencionar algunas de las principales razones de la decadencia del modelo de megaiglesia, para que las nuestras pongan sus barbas en remojo.

Primero: en América Latina el énfasis en los *buscadores sensibles* perdió su enfoque con el tiempo, pues empezaron a atraer a más convertidos heridos y decepcionados de otras iglesias. Perdieron tal enfoque cuando dejaron de inculcar entre sus miembros el modelo de un evangelismo por atracción (invitar gente a la iglesia). Pues al invitarles, nadie les mostraba interés, no se les hacía un seguimiento, ni se hacían cargo de sus necesidades pastorales. Con el tiempo la cantidad de visitantes mermó, y la congregación se tornó más exclusiva que inclusiva.

Segundo: el cuidado pastoral se convirtió en algo escaso. Algunas megaiglesias no desarrollaron un ministerio enfocado en grupos pequeños. ¿Cómo se puede atender las necesidades pastorales de miles de personas? Al menos en grupos pequeños se puede brindar cuidado. Sin embargo, al prestarse más atención a las actividades masivas que a los grupos pequeños, estas iglesias empezaron a declinar más rápidamente. Se les olvidó que *una iglesia grande crece siendo pequeña*. Mientras me pregunto: ¿quién cerrará la puerta trasera? Otras iglesias han adaptado modelos abusivos como los modelos de los 12, G12, G8, o el de *la visión*. Piden total lealtad, compromiso y entrega, y se llega a sacrificar a la familia, el empleo, y la salud de las personas. En algunas de estas iglesias se solicita que todo aquel y toda aquella que sea parte del proceso, firme un «contrato de la corporación celestial», donde la persona se somete a una total obediencia al pastorapóstol mediante una alianza espiritual. ¡Y qué hay de Cristo? Abusos espirituales y de poder se cometen con estos modelos, todo por el crecimiento de la iglesia, pero no del Reino.

Tercero: se contrata a los pastores para que se hagan cargo de los programas y no para brindar cuidado a personas. ¡Terrible error! La iglesia se trata de gente, no de unos programas. Por un lado, hay que tener claro que el pastorado es un don espiritual no un título: los pastores brindan cuidado pastoral. Por otro lado, los voluntarios recargados de trabajo sufrían agotamiento. No tenían un pastor que les mostrara cuidado, ni responsabilidad. Debían esperar cita de hasta dos meses para reunirse con alguno de *sus pastores*. Por último, los pastores generales (*i. e.*, celebridades, pastores carismáticos, CEOs, [*chief executive officers*, 'directores ejecutivos']) encontraron que la gente los seguía a ellos, pero no a Cristo. ¿Quién predica este domingo? Al mermar la aparición de personalidades que manejaban el espectáculo, disminuyó la asistencia a los cultos.

Cuarto: los largos mensajes o conferencias (pues no se usa más la palabra *sermón*) han sido el plato fuerte de las megaiglesias, y pronto empezaron a encontrar sus limitaciones. Tales mensajes son de corte sicologista —se basan en la sicología popular— y llegan a sacrificar el texto bíblico. Es decir, tales conferenciantes pasaban más tiempo leyendo libros de sicología popular que practicando una buena exégesis del texto bíblico. Este énfasis llegó a impactar con el tiempo en la pobre capacitación bíblica de sus miembros. Incluso en algunas de las megaiglesias la lectura bíblica desapareció de su *liturgia*. La gente llegó a saber más de pobre sicología aplicada que de principios bíblicos para su vida cristiana.

Quinto: su amplio *real state* (el mantenimiento de sus propiedades) llegó a matarlas financieramente. Algunas de estas megaiglesias, al no requerir a sus miembros, provocaron que muchos de ellos nunca se comprometieran con sus diezmos y ofrendas. Tal vez el 20 % de los asistentes servían en ministerios y sostenían las finanzas de la iglesia. Los demás parecían ser visitantes recurrentes sin ningún compromiso. Eran como nómadas que cada domingo rotaban de megaiglesia en megaiglesia. Nuevos creyentes: ¿quién se comprometería en una iglesia donde a nadie le importa si yo existo? Los grandes edificios e instalaciones se convirtieron en algo difícil de mantener. ¡Cayeron en un círculo vicioso! No se pueden contratar más pastores para atender a los no atendidos (el 80 % de los asistentes) pues las instalaciones, y los altos salarios de las celebridades y otro personal se tragaban lo que el 20 % de sus asistentes donaban. Eso motivó a que la iglesia empezara a ser administrada como una empresa en vez de ser un instrumento para el Reino. Cada vez la estructura empezó a perpetuarse en sí misma, y a darse menos enfoque misional como en el evangelismo y el discipulado.

Sexto: al carecer la megaiglesia de una doctrina protestante particular, todos eran bienvenidos a creer lo que quisieran creer. Por tanto, nadie sabía en qué se creía, ni en qué se debía creer, y, entre estos, los mismos pastores. Esto se agudizaba en aquellas iglesias donde sus pastores carecían de una formación teológica sólida. Y al atraer estas iglesias a personas de otras iglesias, se empezaron a generar diferencias que impidieron mantener la tolerancia. Se convirtió en imperativo consolidar una doctrina, y aquellas iglesias que lo hicieron debieron decir *sí* a ciertos criterios y *no* a otros. Al producirse esta consolidación doctrinal sus miembros disminuyeron *por diferencias irreconciliables*. La razón de todo esto es que la sicología popular es el plato más sencillo de preparar en sus predicaciones.

Séptimo: el *mercadeo* se convirtió en la herramienta más importante para diseñar su modelo. Al preguntarle a la gente de clase media sobre el tipo de iglesia, programas y actividades que desearían, se generó la megaiglesia. De esta manera vale la pena aseverar que la megaiglesia es producto del *marketing*, nunca de la misión de Dios. La iglesia respondió a las inquietudes del mercado, y con tal de satisfacer ese mercado sacrificó la identidad transformadora del Evangelio. ¿Qué hay de la misión de Dios? La iglesia es la agente del Reino en el mundo, no el teatro de doctrinas escogidas para *no ofender a nadie*. Al valorarse las expectativas de los buscadores por encima de la ética bíblica, la comunidad se convierte en *una masa estadio* de individuos que demandan un buen espectáculo religioso, pero sin el más mínimo interés de crecer y servir en un mundo quebrantado que necesita de Cristo (pues así fue como aprendieron el significado de la vida cristiana).

Octavo: a los pastores generales de las megaiglesias les gusta hablar de *trabajo en equipo*. Sin embargo, cuando el pastor y su esposa son los pastores generales, las decisiones se toman en la alcoba y no con los otros pastores. Aún peor, sus *equipos* lo componen sus clones. Líderes que ellos mismos han domesticado, y que fueron contratados por *confianza* y no por su currículum y capacidad profesional. Ninguno de estos líderes contratados tiene el valor de contradecir al pastor general, pues es un equipo jerárquico, y no democrático. ¿Es eso trabajo en equipo? ¿Quién contrata y despide a los pastores en las megaiglesias? El trabajo en equipo requiere de una organización plana, nunca jerárquica.

Noveno: a pesar de ser iglesias con cierta pasión por afectar a la sociedad con el Evangelio, su apoyo a las misiones o ministerios transculturales es mínimo. Su enfoque no está *allá*, sino *aquí*. Toda la energía está enfocada en el espectáculo del domingo. El presupuesto habla por sí solo. Es increíble notar el presupuesto operativo de estas iglesias, en comparación con el presupuesto que brindan a los misioneros, y a los programas sociales. *El hecho de estar gorditos no significa que estemos sanos.*

El décimo y último aspecto es ese fuerte énfasis teológico en la prosperidad en algunas de las megaiglesias, sobre todo de cortes neopentecostales. ¡La teología eje de estas iglesias es la prosperidad! Si uno prospera es señal de su fidelidad hacia Dios y de que ha recibido su bendición. Prometen a *todos* poder prosperar si *siembran* con fe. Sin embargo, es interesante que algunas de estas iglesias explican (no muy abiertamente) que los que reciben tal promesa de prosperidad necesitan de ciertos requisitos espirituales y morales cercanos a la descripción éticoespiritual de San Francisco de Asís. En otras palabras, yo puedo sembrar todo lo que pueda, pero si no prospero es por algún *pecadillo* que he cometido en mi vida (pecado aun de omisión que la misma persona pueda ignorar). ¡La cosa es que no hay forma de perder ni ganar en este negocio de argumentos en cuanto a la *siembra* y la *cosecha*!

¡Por favor, no me malentiendan! No tengo nada personal contra las megaiglesias. Cosas muy buenas nos han traído. ¿Están sus pastores dispuestos a escuchar y querer corregir estas deficiencias para fortalecer su iglesia al servicio del Reino?

CAPÍTULO 39

¿Cómo deberían ser nuestros cultos, según Pablo?

Pablo, en 1 Corintios 14:26-33, presenta una sugerencia para subsanar el desorden litúrgico que tenían los corintios. Leyendo la carta entre líneas podemos notar la falta de lo que hoy entenderíamos como «un profesional de alabanza» y «un profesional del púlpito», aunque el culto era participativo y creativo, según el desarrollo de los dones espirituales de cada uno de los corintios. Esto nos indica que posiblemente esa era la característica de las iglesias primitivas cristianas de los primeros siglos. ¿Qué podemos nosotros, los creyentes del siglo XXI, aprender de este pasaje?

¡Para responder a esta pregunta, permítanme aclarar que no estoy proponiendo que este *debe* ser el modo de adoración para nuestras iglesias! Simplemente quiero utilizar este pasaje como reflexión para buscar maneras de ser más participativos y creativos en nuestros cultos, y entender que para lograr esto necesitamos un liderazgo más al estilo del primer siglo, que del liderazgo jerárquico del presente siglo.

En primer lugar, yo creo que Pablo no nos llama a ser espectadores pasivos del culto, sino a ser coproductores en el acontecimiento espiritual de la adoración. Es decir, la iglesia no debe ser un lugar de adoración donde los clientes se convierten es espectadores del espectáculo dominical. No es necesario que la iglesia este llena de espectadores, sino que debe ser un lugar para construir relaciones. En otras palabras, no se trata de ir al culto como cuando vamos a un concierto: aparcamos el automóvil, compramos la entrada, encontramos nuestro asiento, vemos el espectáculo y cantamos con el cantante. Para aquellos que hemos visitado megaiglesias, tal vez sintamos la misma sensación que cuando asistimos a un concierto. Nos convertimos en espectadoresconsumidores de la adoración, que tal vez nos llene y nos sintamos bendecidos, pero no participamos *en* el culto, sino *con* el culto. No podemos ser participantes creativos pues algunas iglesias son demasiado grandes y no están dispuestas a sacrificar sus actividades dominadas por las celebridades del pulpito.

¿Cuál debe ser el papel del líder cristiano para facilitar la participación creativa de los creyentes? Bueno, primero la iglesia debe ser pequeña, o bien, deben existir grupos pequeños. Luego, el papel del liderazgo debe ser de crear espacios para que las actividades ocurran. Para esto la estructura del liderazgo en cada iglesia debe evaluarse. Es decir, ¿permitimos que el sacerdocio de todos los creyentes (según los dones espirituales, dados por el Espíritu a cada creyente) se exprese en nuestros cultos? Esto sonaría subversivo para muchas iglesias donde la dirección se basa en poder patriarcal, en el control, en la herencia (familia pastoral), y la sumisión a la autoridad del apóstol.

El tipo de liderazgo al que posiblemente Pablo se dirigía eran los ancianos u obispos, a quienes le dedica muchas de sus cartas —ver los primeros versículos de sus cartas a las iglesias—, que funcionaban como equipo pastoral voluntario y sin salario. Este equipo pastoral posiblemente abogaba por un liderazgo fluido, donde todos tenían voz y voto (por supuesto todos discernían en el Espíritu) donde no había *un* líder designado, sino varios. Así el liderazgo era situacional, según como los dones espirituales deberían funcionar para la edificación de todos. En otras palabras, la tarea determinaba el tipo de liderazgo, y el líder necesario en ese momento.

El obstáculo para ejercer este liderazgo fluido es el hiperactivismo que vemos en muchas de nuestras iglesias, donde la iglesia se mantiene ocupada ejecutando programas y haciendo iglesia, y hasta, por lástima, quemando y agotando buenos líderes. Esto en vez de *ser* iglesia, que permita el desarrollo de disciplinas espirituales y el servicio de la justicia en el mundo.

CAPÍTULO 40

El templo y la hospitalidad del Cuerpo de Cristo

Hoy nuestras iglesias evangélicas se estresan por la construcción de templos. Lugares de canto, conferencias, exhortación, y oración. Lugares donde algunos creyentes pueden llevar sus sacrificios y ofrendas. Lugares donde algunos creyentes esperan encontrar prosperidad, orientación sicológica, y luchar contra los demonios que los agobian. Templos donde algunos creyentes se sienten orgullosos de lo que pudieron construir, y se motivan para construir más. Es en el templo evangélico, así como fue en el Antiguo Testamento, donde para algunos creyentes Dios habita, y se puede encontrar perdón.

El Evangelio según Lucas (7:36-50) nos presenta una perspectiva totalmente diferente a la templocentrista que está tan de moda en América Latina. Esta misma historia tiene diversas versiones en todos los Evangelios. El siguiente cuadro sinóptico nos describe las diferencias:

Lucas 7: 36-50	Juan 12:1-8	Mateo 26:6-13 Marcos 14:3-9
Menciona los pies de Jesús ungidos por una mujer pecadora	Menciona los pies de Jesús ungidos por María, la hermana de Lázaro	Menciona la cabeza de Jesús ungida por una mujer
Concluye la historia con palabras de perdón, y salvación	Concluye: «A los pobres siempre los tendréis con vosotros, pero a mí no siempre me tendréis»	Concluye: «dondequiera que se predique este Evangelio, en todo el mundo, también se contará lo que esta ha hecho, para memoria de ella»
El contexto: Jesús como sacerdote que perdona pecados	El contexto: Preparación para el entierro de Jesús	El contexto: Jesús como el Mesías (Rey)

En la historia de Lucas, Simón el fariseo invita a Jesús a comer. La actividad parece ser interrumpida por una mujer pecadora. ¿Qué hacía una mujer de mala fama en una cena en la casa de un fariseo? Ella empieza a llorar, unge los pies de Jesús, y Simón hace un comentario que denigra a la mujer y a Jesús. Jesús utiliza la oportunidad para contar una parábola. La parábola que Jesús cuenta se centra en el perdón, como una manera de interpretar el acto de la mujer pecadora que representa una ofrenda. Al verter el aceite sobre los pies de Jesús, y no en la cabeza, Lucas nos lleva a la práctica antiguotestamentaria del sacrificio del verter la sangre al pie del altar (Levítico 4 y 5). Ella se vierte a sí misma como ofrenda, en los pies de Jesús como en un altar. Así Lucas presenta a Jesús como el sacerdote que perdona pecados, a diferencia del propósito de la misma historia en otros Evangelios. El siguiente cuadro compara a Simón el fariseo con la mujer pecadora.

Simón el fariseo	La mujer pecadora
Mal hospedador	Buena hospedadora
Él se considera a sí mismo justo	Ella se considera a sí misma pecadora
Él no necesita perdón	Ella necesita mucho perdón

Jesús hace parecer a Simón como un mal anfitrión (algo muy vergonzoso en aquella época), y presenta a la mujer pecadora como ejemplo de hospitalidad. ¡Jesús le vuelve la tortilla a los valores de la sociedad de la época! Simón se consideraba justo, sin necesidad de perdón, mientras la mujer se presenta como aquella que necesita mucho perdón. ¿Quién era más pecador, entonces, la mujer o el fariseo?

¿Por qué Lucas nos cuenta esta historia de esta forma, cuál es su propósito? Para entender el propósito de esta historia en el Evangelio de Lucas es necesario entender el Evangelio como un todo, y luego ver que rol que juega esta historia en su Evangelio. Es decir, esta historia arroja luz sobre el propósito que buscó Lucas y su comunidad para escribir esta historia de esta manera. Dos temas centrales se subrayan en ella: uno se centra en el *perdón* (Lucas. 1:77; 6:37; 17:3; 23:34; 24:47; Hechos 5:31; 8:22; 10:43; 13:38; 26:18); y otro tema ligado al perdón es el de la *mesa* como lugar de compañerismo y hospitalidad, de igualdad, de bienvenida, y en esta historia la mesa es el lugar para encontrar perdón a los pies de Cristo.

Ambos temas se relacionan con la idea de la inclusión y de la exclusión. Si la mesa es el lugar que Jesús utiliza para su ministerio de brindar perdón a los pecadores, ¿dónde iban los no pecadores de la época a buscar perdón? Dos objetos utilizó Lucas para ilustrar este contraste: el templo y la mesa de compañerismo. Por un lado, en el templo los judíos recibían perdón, pero este perdón era accesible solo para los judíos, y principalmente para los hombres. Por otro lado, el perdón que ofrece Jesús sirve de alternativa para incluir a cualquiera de cualquier grupo étnico, de cualquier edad, de cualquier género, y orientación sexual. Por ejemplo, cada vez que Jesús presentó su autoridad para perdonar pecados, lo hacía en conflicto con la autoridad del templo, y contra la ley judía. Jesús no proclama otro templo, pero sí una alternativa. Jesús ofrece su perdón en hogares, a la mesa, en amistad con pecadores.

Es decir, el Cuerpo de Cristo, la comunidad que representa Cristo en el mundo, nos llama a construir espacios de compañerismo alrededor de la mesa para que los no creyentes se encuentren con Cristo. Lucas ilustra la idea de la mesa en los hogares como un ejemplo de compañerismo, proximidad, apertura, inclusividad, y cercanía. Ya nadie tiene que ir al templo a encontrar a Dios, sino que Dios viene a los hogares, con tal cercanía que quiere ser nuestro compañero. No se trata más de ese Dios lejano, encerrado en un templo, un Dios exclusivo de un grupo étnico o clase social particular, sino de un Dios cercano, inclusivo, y sin preferencias sociales, culturales, o sexuales. No se trata más de celebrar rituales externos a Dios, sino de una relación cercana de compañerismo en la mesa. No tenemos que viajar al templo para encontrarnos con Dios: Dios viaja y convive en nuestros hogares.

Esto forma parte de las buenas nuevas de salvación: el templo ha sido substituido por la mesa (en los hogares) donde la comunidad de creyentes se reúne para compartir el pan y el vino. Jesús construyó su comunidad, la Iglesia, para seguir el Reino, no otro templo. En Lucas, Jesús envía a sus discípulos a los hogares («coman y beban lo que les sirvan»), como manera de hacer la misión (Lucas 9; 10). En el libro de los Hechos (el segundo volumen de Lucas), los apóstoles siguen el mismo patrón para realizar la misión y anunciar el

Reino de Cristo. Algunos casos, por ejemplo, con Cornelio (Hechos 10:1-31), Lidia (16:11-15), el carcelero romano (16:25-34), y Crispo (18:1-11). Estos son algunos casos de hogares convertidos en templos, junto a sus familias (*i. e.*, *oikos*, *oikia*), como ejemplo de la iglesia que alcanza a otros por medio de relaciones de amistad, no de rituales externos. Es decir, Jesús modeló y llamó a sus discípulos para gozar de la mesa como el nuevo lugar de adoración. Los discípulos de aquel entonces (y los de hoy) fueron enviados a proporcionar hospitalidad, y para gozar de la hospitalidad en los hogares como el nuevo contexto para la adoración y proclamación del Reino. ¿Cuál es el papel de las iglesias de hoy en cuanto a comunidades alrededor de una mesa que acoge a cualquiera? ¿Funcionan como «templos» de exclusividad para aquellos que conocen bien los rituales? ¿Funcionan como casas de hospitalidad para dar la bienvenida a cualquier persona?

El templo ha sido substituido por Cristo y la hospitalidad de su cuerpo, por la Iglesia, no por otro «templo». Jesús construyó su comunidad para seguir la agenda del Reino. Aunque este Reino no se puede identificar con la iglesia, esto no significa que el Reino no pueda estar presente en la iglesia. Es decir el Reino forma la iglesia, y funciona a través de la iglesia, y proclama su mensaje de *shalom* a toda la creación por medio de la iglesia. La iglesia es el agente, y la señal del Reino en el mundo. Jesús, entonces, se convierte en el Señor del hogar, donde la hospitalidad se comparte a través de límites étnicos, sociales, de género y de edad, en un mundo injusto, discriminatorio, segregado, y clasista. La gente está buscando un lugar al que pertenecer, y la iglesia debe reproducir los valores del Reino, como lo es esa herencia de hospitalidad. Así, la iglesia debe facilitar ese encuentro reconciliador entre Dios y los que necesitan experimentar la presencia de la reconciliación de Cristo, a través de la iglesia. Nuestras iglesias deben convertirse en lugares de cercanía, inclusión, y adoración en compañerismo; no en templos para desconocidos, aislados por su clase social. 'Congregarse' no significa ir al templo y presentar nuestra ofrenda, sino que nosotros mismos seamos la ofrenda en la mesa donde cara a cara comemos con otros pecadores, ante la presencia perdonadora de Jesús.

CAPÍTULO 41

Si no es con diezmos, ¿cómo podría una iglesia financiar sus gastos?

Es una realidad que toda iglesia tiene sus gastos, y por tanto requiere de ingresos. Hay recibos e impuestos que pagar, hay que alquilar un local, hay personal que requiere de su salario... ¡Toda congregación necesita cubrir sus gastos! Quiero presentar nueve sugerencias que una iglesia podría seguir para mantener un presupuesto firme sin cometer abusos espirituales.

Algunas iglesias logran financiar mucho de lo que tienen «a pura fe». ¡Y así debe ser, pero sin abusar de la fe de las personas! Para mí ha sido triste ver templos a medio construir, o mal o construidos de manera barata, pues el pastor tenía mucho corazón y poco cerebro. Permítanme hacer una serie de sugerencias que ayudaría a algunas iglesias a mejorar sus finanzas sin pedir diezmo. Para ello utilizaré el ejemplo que Pablo presenta en primera de Corintios 16 (vv.1 y 2): «En cuanto a la ofrenda para los santos, haced vosotros también de la manera que ordené en las iglesias de Galacia. Cada primer día de la semana, cada uno de vosotros ponga aparte algo, según haya prosperado, guardándolo, para que cuando yo llegue no se recojan entonces ofrendas».

Es este pasaje, podríamos decir que Pablo está abogando para que las iglesias generen un presupuesto. En aquel entonces aquellos hermanos o hermanas de mucho dinero añadían un cuarto amplio a la casa para que la iglesia se reuniera allí. Algo sugería que recoger ofrendas semanalmente no era necesario todo el tiempo. Aun así podríamos decir que hay un principio que podemos rescatar: veamos la recomendación de Pablo para enviar una ofrenda a los pobres en Jerusalén: «cada uno de vosotros ponga aparte algo, según haya prosperado». Esto es lo que quiero rescatar y utilizar como base para este escrito.

Partiendo de este principio de libertad personal, no del principio de coacción comúnmente encontrado en la forma de reclamar el diezmo por parte de algunas iglesias, empecemos con la primera sugerencia: cultive una congregación con altas expectativas en dar para la misión de Dios. La misión de Dios es la expansión del Reino de Cristo en la Tierra, no la construcción de templos. Es cierto que la construcción de un templo puede ayudarnos a participar en la misión Dios. Para algunas congregaciones, la construcción de un templo y su mantenimiento se entienden como si fuera el único propósito de Dios para la Iglesia. Y esto es un supuesto falso. Los templos o edificios no son un requisito para cumplir la misión de Dios. ¿De qué manera podríamos hacer que todos nuestros miembros contribuyan económicamente para poner el Reino al servicio de los demás en el mundo? Hay que tener un propósito de servicio, para que las personas se comprometan a contribuir. Las altas expectativas entre la membresía generan personas comprometidas con Dios y con su Reino.

Segundo: es común encontrar aquellos que no apoyan financieramente en la iglesia, pues entienden el proyecto como algo del pastor, y no de la iglesia como un todo. Es cierto que las personas tienen muchas razones para aportar dinero o para no hacerlo, pero eso no significa que dejemos de pedir. Algunos no lo aportan pues creen que el liderazgo de la iglesia no les ha comunicado qué diferencia hará su dinero al servicio del Reino. Otros no dan pues no lo ven como una buena inversión. Algunos otros no contribuyen económicamente pues no saben que su apoyo, aunque sea poco, puede marcar la diferencia. Hay pastores que invierten mucho de su tiempo en entablar amistad con personas de la congregación que tienen mucho dinero, y se olvidan de aquellos que, aunque puedan aportar poco, son muchos. Es importante enseñar a las personas el sentido de la mayordomía cristiana, y aun más reconocer la realidad de que hay personas a quienes algunos proyectos tal vez no les gusten y no los apoyen.

Tercero: recuerde que son los que toman las decisiones en la iglesia, y no todos los que apoyan monetariamente en la congregación, los que hacen bien o mal las cosas en cuanto a proyectos de construcción. Hay que entender el alto nivel de confianza que algunas personas tienen para apoyar económicamente la obra de Dios a través de una congregación local. He experimentado de cerca el ver que algunos pastores parecen tener el poder de manipular el presupuesto y pasar fondos de un lado a otro a discreción propia. Es decir, manejan la iglesia local como si fuera un negocio personal. ¡Esto es un error! Las decisiones presupuestarias deben tomarse en equipo. Para ello hay que generar un ministerio de personas con carácter probado, y buen liderazgo, para que junto al pastor o la pastora se encarguen de administrar las finanzas de la congregación. Estos líderes deben entender que no se trata de administrar un negocio, sino de una práctica importante en la contribución para el Reino. Se trata de administrar la mayordomía de las personas, cual es, en última instancia, la riqueza de Dios, y no de administrar simplemente dinero.

Cuarto: para motivar a las personas a que contribuyan económicamente, el mejor método, del cual no se debe abusar, es tocar sus sentimientos. Sin embargo, es importante permitirles que sus sentimientos se conecten con su razón, y eso puede tomar unos días. Por eso es común encontrar personas que se comprometen a dar y luego dejan de hacerlo. Algo que frustra a muchos pastores. Ahora bien, es muy común encontrar iglesias donde la congregación da un 2 o un 3 % de sus ingresos, y nos gustaría que dieran más. Esto demuestra no la necesidad de hacerles sentir mal, sino de la importancia de enseñar sobre mayordomía. ¿Cómo podemos esperar que las personas ofrezcan su dinero y su tiempo al servicio del Reino si no disponen de ellos? Tener y manejar correctamente un presupuesto, ser austeros con los gastos, y aprender a decir sí o no son hábitos que toda familia debe practicar. Es increíble comprobar cómo las familias que disponen de buenos ingresos comparten sus deudas, aunque muchas de estas no fueran de necesidad inmediata para la familia. Puede haber familias en nuestra congregación que necesiten aprender a tener un presupuesto familiar y a respetarlo. Es seguro que una vez que estas familias logren equilibrar sus gastos con sus ingresos y consigan ahorrar al menos seis meses de salario, habrán aprendido a dar, porque ahora mantienen la disciplina de tener. Por ello es importante adoctrinar a la congregación en temas de administración o mayordomía familiar. Es totalmente incorrecto invitar a familias a endeudarse para que contribuyan económicamente en la iglesia. Por tanto, nuestras familias deben aprender a equilibrar sus gastos con sus ingresos y sus emociones con su razón antes de comprometerse a realizar donaciones para la obra de Cristo. Y la iglesia tiene la responsabilidad de proveerse de este discipulado.

Una vez que las familias han sido adoctrinadas en la mayordomía cristiana para que en primer lugar aprendan a contemplar las necesidades de su familia, lo siguiente sería pedirles que se comprometan a realizar una donación anual a la iglesia en pagos trimestrales. Esto hay que pedirlo en varias ocasiones, recordándoles cuándo será el domingo para el compromiso financiero. Por ejemplo, digamos que una familia se compromete a aportar dinero para el presupuesto del próximo año, y deciden contribuir, según el Señor les haya hecho prosperar, con unos 1.000 $. Este dinero entra en el presupuesto de la iglesia para el próximo año.

Esto se puede destinar al presupuesto general, pero puede haber otros presupuestos. De la misma manera, cada familia, conforme haya prosperado durante el año, podrá discernir si aportará más, y cuánto, a otros presupuestos de ministerios específicos. Por ejemplo, el compromiso de participar en ciertos ministerios se fortalece cuando se cobra una cuota por participante; como en el caso de las actividades que realizan los padres con niños y adolescentes, u otros programas de capacitación. Las personas dan cuando saben que lo que reciben tiene un valor significativo para sus vidas.

Quinto: no fundamente su presupuesto en el número de miembros de la congregación, sino en el promedio de la asistencia semanal a las actividades de la iglesia. ¿Por qué es esto importante? Los recursos siempre son escasos y deben orientarse a aquellos que los utilizan. Si su congregación tiene un ministerio grande de niños o de jóvenes, mayor que el número de adultos, tenga por seguro que el financiamiento de este ministerio será todo un reto, porque ni los niños ni los jóvenes disponen de sus propios ingresos para contribuir económicamente. Recordemos que la mayoría de las personas que vienen a Cristo lo hacen entre las edades de 4 a 14 años. Si el propósito de su presupuesto es servir al Reino, el Señor proveerá. Si el propósito de su presupuesto es buscar maneras para hacer más y más dinero, como si la iglesia fuera un negocio, usted podría encontrarse en un dilema ético en cuanto al propósito de una iglesia en el Reino de Dios. He conocido iglesias donde los ministerios para la niñez sufren recortes presupuestarios, para inyectarlos a ministerios para los adultos, porque ven a los adultos como una inversión, pues son los que aportan dinero. Hay que pedir, y hay que generar fondos, no con el propósito de hacer dinero, sino de servir al Reino.

Sexto: utilice una forma de comunicación con los fieles para informarles de las necesidades de la iglesia. No lo haga como recibos por pagar, sino presente la necesidad como una carta pastoral. Fíjese que la carta esté bien impresa y con buen papel. Igualmente, toda persona en una iglesia debe ser informada en detalle de los gastos de la congregación, inclusive del salario del pastor y del de todos los empleados. La razón de que algunas personas no apoyen económicamente es porque no confían en la manera como se manejan los gastos en la iglesia, o bien, porque no se les informa de esos gastos y necesidades. Resulta más efectivo que las cartas de información y de solicitud se envíen por un líder que no sea el pastor. Se debe invitar a las personas a contribuir, pero nunca hacerlas sentir mal si no lo hacen. A los nuevos creyentes, o nuevos miembros, les toma un tiempo comprender la importancia de sus aportaciones. Hay que tener paciencia para que el Espíritu los guíe a dar. Recordemos, que la iglesia no solo necesita dinero, sino también el tiempo de voluntarios para el servicio. ¡Así que si necesita, pida, y no se canse de pedirles! Sin manipulaciones, o promesas de prosperidad y de vida eterna. Es decir, cuando solicite dinero, explique para qué y cuánto se necesita; para ello hágalo con una periodicidad trimestral, y conceda un par de semanas para que las personas consideren apoyar el proyecto.

Séptimo: esto nos lleva a la realidad de lo necesario que es tener un presupuesto y respetarlo, o, todavía mejor, varios presupuestos para sufragar los múltiples gastos de la congregación. La iglesia debe tener sus presupuestos como modelo para enseñar a las familias a manejar los suyos. Es muy común notar que cada vez que una congregación debe realizar obras, algo que sucede aproximadamente cada cinco años en algunas iglesias, el presupuesto para misiones, evangelismo y discipulado terminan en la compra de materiales de construcción. Aún peor, es triste ver que estas decisiones de vaciar presupuestos salen de la decisión de unos pocos líderes o del pastor solamente. En algunas congregaciones esto se ha convertido en tema de muchos conflictos. De pronto el pastor se cree el dueño del negocio y decide a voluntad el uso o desuso de fondos. Si la congregación necesita construir, que lo haga de un fondo designado para ello. Si es necesario, no se empieza a construir hasta que haya suficientes fondos, pues en algunos casos muchas de las construcciones salen del corazón del pastor, y no de la razón de la congregación, y es ella la que, a la postre, financia los gastos.

Octavo: la razón por la que algunas megaiglesias están en constante déficit es por querer mantener un caro *real state* (*i. e.*, patrimonio). El mantenimiento de sus propiedades las ahoga. A veces veo esas grandes propiedades y la falta de cuidado pastoral y de formación bíblica de sus asistentes y me digo: «Hubiera sido mejor que estas personas pertenecieran a iglesias pequeñas». Estas megaiglesias siempre están en obras y compitiendo con otras megaiglesias que parecen más grandes y más lujosas. Parece que pensar que «somos más grandes, por tanto estamos en lo correcto» se ha tornado en una moda, lo cual es una falacia, por cierto.

Noveno: la gran pregunta siempre es: ¿cuánto debe ganar el pastor? Es común notar que el 50 % del presupuesto se va en el salario del pastor, un 30 % en el local o edificio, y un 20 % en la inversión de equipo e instrumentos musicales. Esto supone que la financiación de los ministerios se limite a las ventas de comida después del culto. Sí hay que reconocer que los pastores de las megaiglesias se consideran a sí mismos dueños del negocio, y también los CEOs (o directores ejecutivos) por ser quienes fundaron la iglesia. Y aún más, toda la familia pastoral se considera parte del negocio familiar. No es un secreto que en algunas de estas iglesias se contrata a toda la familia pastoral para trabajar en el ministerio, y que estos al final se coman hasta el 55 % del presupuesto millonario de una megaiglesia. Así pues, la contratación de personal no se saca a concurso con otros profesionales, sino que el pastor general es quien contrata y despide a juicio personal, y tiende a contratar a aquellos que sabe que le obedecerán en todo. Por ello es común en algunas congregaciones encontrar personas no adecuadas para sus puestos, pero ahí están ganando su salario y haciendo su trabajo de forma mediocre.

Lo ideal en cuanto a salarios es que el pastor reconozca que no se entró a esta profesión para hacer dinero, sino como un llamado a una vida de simplicidad. El pastor debe ganar de acuerdo a sus estudios, sus horas de trabajo semanales y sus años de servicio. Hay pastores de algunas megaiglesias que con apenas un título de secundaria ganan igual que un ministro del Gobierno. Otras iglesias pagan muy bien a sus pastores y les exigen más de 50 horas de trabajo semanales. El pastor debe ser ejemplo de trabajo, aunque no de adicción al trabajo. Una buena regla a seguir es que el pastor debe ganar un promedio de los ingresos de las personas de su congregación. ¡Y si desea ganar más, que estudie o trabaje más horas!

¡Esto es vivir por fe!, sabiendo que las personas que se han comprometido lo han hecho porque fueron adoctrinadas en la mayordomía cristiana, y han decidido aportar dinero, porque han discernido que Dios les ha hecho prosperar. Si es necesario más dinero, se solicitará más, pues será necesario equilibrar las necesidades de la congregación con lo que esta haya recibido. Luego, algo muy importante que está ligado a esto es respetar siempre las donaciones. Si algo se dio para un determinado rubro o capítulo presupuestario, se debe respetar ese rubro. De lo contrario, si se desea utilizar ese dinero para otros gastos, deben ser las personas que dieron para ese capítulo quienes deben decidir si están de acuerdo en reubicar el dinero para otro presupuesto. Así pues, motive a su iglesia a que sea creativa para generar fondos, como mediante la venta de productos, comida, etc. Por último, comunique de manera continua su visión a la congregación. Implemente un plan educativo sobre la mayordomía familiar, y luego sobre la eclesial. Mantenga comunicación constante con su congregación sobre el avance de los proyectos. Pida, pida, y pida con campañas para generar fondos para proyectos específicos; pero permita que el corazón y la razón se conecten, y las personas aprendan a dar según el Señor les haya hecho prosperar.

CAPÍTULO 42

Concluyendo el libro

Juan Wesley bien decía, «gana todo lo que puedas, ahorra todo lo que puedas, y dona todo lo que puedas». Al contrario, en nuestra sociedad se escucha «agarra lo que puedas como sea, gástalo pronto y no busques ahorrar pues mañana te harás con más dinero, y dona en aquello que te haga sentir bien». Recordemos que las riquezas no son inherentemente malas. Por tanto, los creyentes deberían esforzarse por obtenerlas de manera justa y apropiada. El problema es que las riquezas son proclives hacia el pecado, y nosotros somos seres caídos. ¡Mala combinación! Así que una manera de evitar caer en este pecado es contribuir con nuestras ganancias para evitar idolatrarlas, pues los extremos de pobrezas y riquezas no van de acuerdo con el plan de Dios. De esta manera la mayordomía es una forma de expresar nuestra espiritualidad, y por tanto el ofrendar no debería ser un problema en nuestras vidas. Es importante que los creyentes aprendan a elaborar su presupuesto, aprendan a ahorrar, y a ser generosos con lo que Dios les ha encomendado. Y en esta tarea del discipulado en la mayordomía, la iglesia debe tener un papel primordial como comunidad pedagógica.

Desde un punto de vista teológico podemos rescatar de este libro que Dios crea todas las cosas, y todas esas cosas en un principio eran buenas. A los humanos, como parte sublime de su creación, se nos encarga cuidar y velar por el bienestar del resto de lo creado por Él (*i. e.*, como administradores). Los primeros humanos pecan, y por tanto, todos los humanos tenemos una actitud de maldad del uno hacia el otro y contra la creación, que se ve dañada por los humanos, pues aquellos que debieron cuidarla ahora la explotan y le hacen daño.

En su plan redentor Dios empieza a formar un pueblo a través del cual podría reconciliarse con los otros pueblos de la Tierra, y estos con el resto de la creación. Asimismo, Dios elige y libera a ese pueblo de la explotación, le da reglas de convivencia, y le ofrece una tierra. Esta tierra debería ser compartida adecuadamente entre todos; y Dios le provee de lo necesario a cada uno para cada día. La cooperación entre el pueblo debería ser tomar la iniciativa para ayudarse mutuamente y asegurar el bienestar de la propiedad o de los bienes del otro. Sin embargo, por encima de nuestra propiedad, o de nuestros bienes materiales, es más importante la vida humana, y por ello toda persona es responsable de su propiedad y de sus bienes, y debe mantenerse a cuentas por estos, cuidarlos, pues, en última instancia, esa propiedad y esos bienes (*i. e.*, como uso de la creación) son de Dios.

El plan de Dios no era el que las personas de su pueblo experimentaran pobreza, ni riqueza. Dios es quien provee la riqueza a su pueblo (no simplemente a unos cuantos individuos), y también dicta reglas para su distribución. Dios buscaba limitar la adquisición de posesiones materiales reduciendo los días y hasta los años de trabajo, para que su pueblo confiara en Él como proveedor, y disfrutara cesando de trabajar, descansando del trabajo, y festejando y compartiendo el fruto de su trabajo como bendición de Dios. De esta forma, el fruto del trabajo se convierte en una expresión de libertad, y tal bendición se convierte en un aspecto de hospitalidad cuando se comparte con otros. Dios llama a aquellos que poseen riquezas a compartirlas activamente, y ser proactivos en actos de justicia para defender a aquellos más vulnerables, no simplemente compartiendo ofrendas o regalos esporádicos. El principio deuteronomista nos recuerda que Dios nos hace prosperar cuando su pacto es obedecido; esto hay que entenderlo como parte del *shalom* —de la paz o bienestar— de Dios.

Sin embargo, la naturaleza pecaminosa de aquellos humanos que detentan el poder se dirige contra Dios y sus reglas. Al surgir la monarquía, una nueva y compleja capa social favorece la acumulación de riquezas en manos de unos cuantos. De este modo, el disfrute de los bienes materiales se convierte en una devoción idolátrica. Los más poderosos explotan a los más vulnerables, y convierten su trabajo en idolatría cuando acumulan riquezas y no las comparten. Dios se preocupa por los oprimidos y le recuerda el pacto a su pueblo. La tierra y sus riquezas no le pertenecen al pueblo sino a Dios en última instancia. Esto demuestra cómo, en medio de las estructuras sociales, la maldad se multiplica, y aun aquellas personas fieles a Dios y a su pacto no prosperan; el malvado, en cambio, tiende a prosperar. Esto contradice al principio deuteronomista, pues poseer y acumular riquezas puede ser una señal tanto de maldad como de rectitud. Por tanto, sería un error concluir que la pobreza es una maldición de Dios, y la riqueza una bendición. Somos responsables ante todos de todo lo que poseemos, y no hay bienes privados ante Dios, pues lo que poseemos, al fin y al cabo, le pertenece a Dios.

Esto significa que es una herejía enseñar que a Dios le pertenece el 10 % de nuestros ingresos y a nosotros el 90 %. Dios es al fin el dueño de todas nuestras posesiones, nosotros somos sus mayordomos y no nos pertenece nada. En cambio, cuando los creyentes logran enderezar sus finanzas y aprenden a apartar dinero para contribuir económicamente conforme a cuanto Dios les haya hecho prosperar, las finanzas de la congregación se tornarán más estables. De igual modo, estos creyentes, en su mayordomía, sabrán repartir con otros, y destinar recursos a proyectos para combatir la pobreza y hacer justicia tanto fuera como dentro de sus congregaciones. ¿Deben dar los creyentes su dinero solamente a la iglesia? Esto requiere de discernimiento por parte del creyente. Si el creyente cree que su iglesia no muestra interés por algo que para él pueda ser importante, como la construcción de nuevos hogares o el proveer de agua potable (entre otros proyectos de justicia), puede buscar otro ministerio cristiano que ponga el énfasis en estas cuestiones. Sea como sea es importante que el creyente desarrolle una perspectiva no solamente microética, sino también macroética, en cuanto a su mayordomía hacia los problemas globales que afectan a la humanidad.

Partiendo de los anteriores principios teológicos, permítanme hacer una lista de aspectos que el creyente puede desarrollar en su mayordomía cristiana:

1) Cada creyente debe establecer una diferencia entre lo que es necesario, y lo que es un lujo. Jesús nos enseño a orar por el pan nuestro de cada día, y no a orar por el pan nuestro de cada mes.

2) Elaborar un presupuesto real, y ahorrar seis meses de salario es una buena manera de prestar atención a los ingresos y gastos. Si por desgracia perdiéramos nuestro empleo y nos llevara seis meses encontrar otro, tendríamos ahorrado lo suficiente para cuidar de nuestra familia, y no seríamos una carga económica para nuestra iglesia.

3) Un sabio consejo: ¡si no tiene dinero, no lo compre! El crédito es engañoso, no importa si las cuotas quincenales son cómodas: a final de cuentas uno termina pagando hasta un 45 % más de lo que costaba el producto. Mejor ahorrar y luego comprarlo.

4) Evite soñar con tener suerte en la lotería: más bien confíe en que Dios le hará prosperar con lo necesario para vivir. ¡Lleve una vida simple, y dé gracias por lo que tiene!

5) Por un lado, nuestro caído sistema de corte capitalista es bueno para generar riqueza, pero malo para distribuirla. Por otro, Dios se preocupaba por la distribución de la riqueza, proveía a su pueblo con lo necesario, y estableció leyes en contra de la acumulación de riquezas en pocas manos. ¿De qué lado está usted?

6) Es cierto que no vivimos en una sociedad que aprecie y haya institucionalizado los principios bíblicos en cuanto a la distribución de la riqueza y el combate contra la pobreza, pero eso no significa que su iglesia —o usted— no pueda conceder micropréstamos a bajo interés, perdonar las deudas, ayudar a aquellos que necesitan mejorar sus finanzas, o necesitan asistencia ocasional o constante. ¡Declare el Día del Jubileo en su ciudad!

7) El Reino no se reduce a un edificio o a una estructura monolítica de liderazgo, ni a los diezmos y ofrendas. El Reino requiere de personas pobres de espíritu, llenos de humildad; necesita personas deseosas de hacer justicia, y compasivas; de aquellos con un corazón limpio, y de pacificadores, y de personas dispuestas a sufrir persecución y calumnias por Cristo. En cambio, en algunas iglesias, los ejemplos de liderazgo que encontramos pertenecen a unos líderes que creen tener acceso directo al Espíritu Santo, y, orgullosos de su llamado, dividen iglesias, practican la injusticia contra los más pobres y desamparados al buscar enriquecerse con los recursos de la iglesia, tienen un corazón ególatra, solo están dispuestos a vivir en una vida de lujos, y maldicen a quienes les critican por sus abusos. Vale la pena preguntarnos: ¿estamos del lado del Reino y sus valores?

8) Es tan simple sacar pasajes bíblicos fuera de su contexto, y es aun más simple encontrar personas que tienen comezón de oír falsedades. Por ejemplo, el deseo del corazón en el salmista (Salmos 37:4, 5) es Dios. Si Dios es nuestro deleite, Dios nos bendecirá con más de su divina presencia; el autor de Mateo (6:25-34; 7:7) se refiere a Jesús indicando las necesidades básicas de comida, bebida y vestido, pero no de riquezas. Filipenses 4:11-13 nos exhorta a vivir en contentamiento con lo que poseemos, no a vivir ansiosos ni a ser codiciosos, o a caer en el pecado de la gula. Ha sido el mismo pecado el que ha influido a algunos a querer encontrar promesas bíblicas de riquezas, donde no las hay. ¿Por qué es que para algunos existe la necesidad de escuchar promesas de prosperidad, y en algunos casos son personas de mucho dinero?

9) No es necesario construir templos: Cristo es nuestro templo, y, como su cuerpo, su Espíritu mora dentro y en medio de nosotros. Se necesitan los edificios si facilitan la proyección de la congregación para afectar al mundo, pero, en muchos casos, sucede lo contrario: cada vez que algunas congregaciones inician la construcción de un templo, la iglesia pierde su pasión por la misión, y los fondos para el evangelismo y el discipulado desaparecen. En otros casos, algunas iglesias solo se reúnen para su culto dominical, y no afectan para nada al mundo que las rodea. Sus templos pasan vacíos el 98 % del tiempo de la semana. Considerando esto, quiero ser explícito en mi inclinación teológica: yo creo que no debemos construir templos, cuando podemos alquilar locales o bodegas, o reunirnos en los hogares. Pongamos el dinero al servicio del Reino, no al servicio de nuestra iglesia o de nuestros líderes. ¿Cuál cree usted que pueda ser la razón por la que algunos se afanan tanto en tener un templo?

10) La razón por la cual no se menciona el diezmo en el nuevo pacto es que no se necesita disponer de templos para

albergar a Dios, ni tampoco tener personal religioso especializado, bajo un punto de vista teológico. ¿A dónde vamos a llevar los diezmos si ya no hay templo con su alfolí? Comparar el templo del Antiguo Testamento con la iglesia del Nuevo Testamento es un gravísimo error de interpretación bíblica. ¿Por qué cree usted que su iglesia local le pide el diezmo, si ya no hay un templo con un alfolí?

11) Creer que Dios en estos últimos días ha levantado maestros, pastores, evangelistas, profetas, y apóstoles para liderar la Iglesia es una herejía. No es extraño que aquellas iglesias que se dejen orientar por esta moda monolítica en su liderazgo experimenten tantos problemas de abuso de autoridad, que se expresan en la idolatría al líder, y en abusos económicos. El sacerdocio de todos los creyentes según los diferentes dones dados por el Espíritu nos indica que la supremacía de unos dones sobre otros es una falsedad. Pablo llama a los líderes a tener un carácter probado y a servir en humildad y en comunidad. ¿Cómo funciona el liderazgo en su iglesia?

En cuanto a nuestro tema de la mayordomía cristiana es notorio ver como el pueblo está en necesidad de un buen discipulado. Un pueblo que no sabe distinguir su mano izquierda de la derecha es un pueblo susceptible al abuso. Nuestras iglesias se han convertido en un fin en sí mismas, nuestro sistema financiero constantemente se quiebra, y nuestro sistema político se llena de más líderes populistas y corruptos. En vez de ser luz al mundo, nos hemos convertido en reflejo de su oscuridad. Mi deseo es que este libro le haya motivado a un cambio, y genere en usted una crítica para encontrar (o fundar) un verdadero Cuerpo de Cristo, si el Espíritu le dirige.

TRABAJOS CITADOS

BAKER, David L.: *Tight Fists or Open Hands? Wealth and Poverty in Old Testament Law.* Grand Rapids, Michigan: Wm. B. Eerdmans Publishing Co., 2009.

BEALE, Gregory K.: *The Temple and the Church's Mission: A Biblical Theology of the Dwelling Place of God*, Downers Grove, Illinois: InterVarsity Press, 2004.

BLOMBERG, Craig: *Ni pobreza ni riquezas: una teología bíblica de las posesiones materiales*, Barcelona, España: CLIE, 2002.

STEVENS, Marty E.: *Temples, Tithes, and Taxes: The Temple and the Economy life of Ancient Israel*, Peabody, Massachusetts: Hendrickson Publishers, 2006.

VIOLA, Frank: *Who is your Covering?* USA: Present Testimony Ministry, 2001.

WAGNER, C. Peter: *Apóstoles en la Iglesia de hoy: esferas de autoridad*, Miami, Florida: Peniel, 2002.

WITHERINGTON III, Ben: *Jesus and Money: A Guide for Times of Financial Crisis*, Grand Rapids, Michigan: Brazos Press, 2010.

TRABAJOS CITADOS

www.ingramcontent.com/pod-product-compliance
Lightning Source LLC
Chambersburg PA
CBHW011340090426
42743CB00018B/3397